高职高专经济管理类规划教材
国家示范性高等职业院校示范专业群教材
浙江省高职（高专）专业带头人科研成果
浙江省教育厅计划项目人力资源管理“项目课程”研究成果
浙江金融职业学院985工程研究成果

人力资源管理项目实训教程

Human Resources Management Project Practice

祝宝江 主 编 吴小妹 陈王伟 田志峰 副主编

ZHEJIANG UNIVERSITY PRESS
浙江大学出版社

主编简介

浙江省政府“新世纪151人才工程”专业技术人才
浙江省高职高专专业学术带头人
教育部“优秀双师型教师”称号
浙江省高职高专企业管理沙盘模拟大赛指导教师第一名
浙江省第四届高职高专院校管理案例分析大赛指导教师第一名
全国高职高专企业管理沙盘模拟大赛指导教师第二名
温州市政府“新世纪551人才工程”专业技术人才
主持省、市哲学社会规划课题共12项，获省、市科研奖共7项
撰写著作、主审、主编、参编共10部
中国南方投资阀门制造有限公司顾问

FOREWORD 前言

《管子·霸言》中指出:"以人为本,本理则固,本乱则国危"。人力资源是知识经济时代最重要的生产要素,最宝贵的资源,谁拥有最优秀的人力资源谁就能在激烈竞争中占据优势。经济环境和人力资源发展的变化,使人力资源管理处于企业管理的核心地位,使得企业必须重视和加强企业人力资源管理。因此,加快培养既具备一定人力资源管理理论知识,又掌握实际业务处理的人力资源管理应用型技能型人才,是当前社会和企业迫切的需要。

本教材是基于工作过程的项目化教材,也是一部以实践应用为导向的人力资源管理实训教材。在借鉴国内外人力资源管理实务最新资料和最新成果基础上,着力从高职教育特点及人力资源管理人员的应用需求出发,注重结合企业人力资源管理岗位要求,参照国家人力资源和社会保障部人力资源管理师职业标准,通过人力资源的基本技术和操作技能训练,全面系统地提高学生人力资源管理实践能力和应用能力。同时也是国家示范性高等职业院校示范专业群教材;又是浙江省高职(高专)专业带头人科研成果;还是浙江省教育厅计划项目人力资源管理"项目课程"研究成果(2009 年浙江省教育科学规划课题《"项目课程"架框下高职人力资源管理课程立体结构设计的研究》编号:SCG436)。

《人力资源管理项目实训教程》按照人力资源管理的工作任务及工作过程内容分成八个项目:人力资源规划、工作分析与工作设计、员工招聘与录用、员工培训与开发、员工绩效考评、员工薪酬管理、员工激励管理、劳动关系管理。本教材与其他教材相比,具有以下特色:

第一,采用"基于工作过程导向——工作过程系统化课程"设计方法。对教学理念实现新突破。教师变为指导者,学生不再是教师所灌输知识的被动接收者,使学生全面参与教学设计,自我管理,自我控制。

第二,建立系统工作过程教学模式,实现了从教学理念、教学组织形式,到多媒体教学、系列化实训、全过程开放式学习。构建了由学生参与的、立体化的系统。

第三,本书充分体现了教、学、做合一的教学理念,教学效果显著。通过我们对毕业生的跟踪调查,用人单位反映良好,也体现了省高职(高专)专业带头人下能深入实践、上能提高高度的科研能力,又能体现出教学教改的科研水平。

第四,本书突出一点是教学与研究结合的结果;是国家示范性高等职业院校示范专业群、普通大本教育与职业教育、全国各地教师合作的结晶，这一点在编书的团队中能具体反映出来，这里不加赘述；又是教学教改的硕果。

第五，本书适用于本科、高职、中职院校的在校生，更适用于刚参加工作负责人力资源管理工作的新人。

教材分工为：浙江金融职业学院（国家示范性职业院校）祝宝江教授负责项目一；齐齐哈尔大学田志峰副教授，温州大学城市学院陈王伟讲师负责项目二；义乌工商职业技术学院赵红英教授，温州翰德人力资源培训学校高级经济师华芝负责项目三；山东莱芜职业技术学院刘宏伟副教授，浙江经贸职业技术学院讲师赵丽娟负责项目四；温州职业技术学院（国家示范性职业院校）黄云碧副教授，新疆农业职业技术学院吉文丽副教授，奥凯嘉集团有限公司董事长、经济师陈成坤负责项目五；贵州电子信息职业技术学院付丽副教授，中国南方投资集团、温州南方阀门有限公司陈柏勋总经理经济师负责项目六；浙江金融职业学院讲师董仕华、吴小妹，苏宁电器集团戴永峰经理负责项目七；宁波职业技术学院刘春朝副教授，奥凯嘉集团有限公司王勇主任，苏宁电器集团杭州区阴永志副总经理负责项目八。全书由主编祝宝江教授策划、统稿、定稿。副主编吴小妹、陈王伟讲师、田志峰副教授协助主编做了此项工作。由于编者学识有限，书中难免存在疏漏和不足，恳请专家和读者给予批评指正。

编者

2011 年 1 月 25 日

目录

Contents

项目一

人力资源规划

业务导入

安妮宝贝有限公司初创，在有关部门审批核准后，为了顺利地开展各项业务，对公司进行全方位、全过程宏观规划。

组织机构	工作分析与设计	招聘录用
培训开发	绩效管理	薪酬管理
激励管理	劳动关系管理	

工作任务一　安妮宝贝有限公司组织结构设计

安妮宝贝有限公司初创，依据《管理学》组织设计原理对安妮宝贝有限公司组织结构进行设计。

一、操作指南

1. 组织设计任务包括两个方面：组织结构图和编制职务。

2. 组织结构设计分三个步骤完成：

(1)职务设计与分析。职务设计与分析是组织设计的最基础工作。职务设计是在管理职能活动逐步分解的基础上，设计和确定组织内从事具体管理工作所需的职务类别和数量，分析担任每个职务的人员应负的责任，应具备的素质要求。

(2)部门划分。根据各个职务所从事工作内容的性质以及职务间相互关系，依照一定的原则，将各个职务组合成被称为"部门"的管理单位。

(3)形成组织结构。职务设计和部门划分是根据工作要求来进行的，在此基础上，根据组织内外能够获取现有人力资源，对初步设计的部门和职务进行调整，并且平衡各部门、各职务的工作量；根据各自工作性质和内容，规定各管理机构之间职责、权限以及义务关系，使各管理部门和职务形成一个严密的网络。

3. 组织层次与管理跨度多数倾向扁平型。

二、体验活动

在工作任务引领下，基于操作指南，进行设计组织结构图、编制公司职务表两项体验活动。

1.设计安妮宝贝公司的组织结构图(图 1-1)

☞组织结构图:

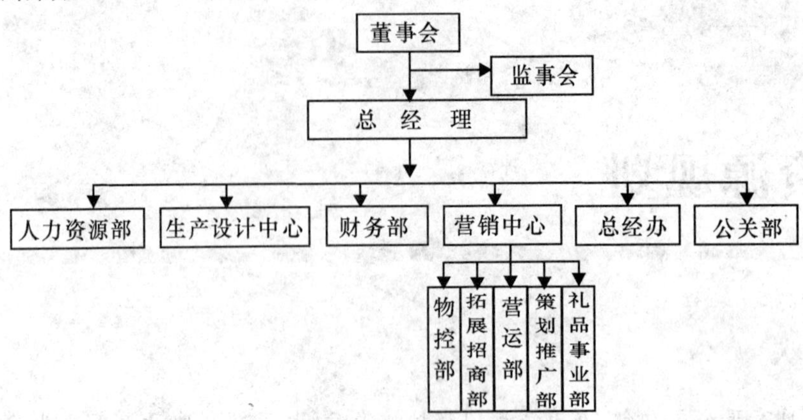

图 1-1 安妮宝贝公司组织结构图

2. 编制安妮宝贝公司的职务表(表 1-1)

☞编制职务表:

表 1-1 安妮宝贝公司职务表

序号	部门		人员配置	人员编制
1	总经办			
2	人力资源管理部		部门经理 助理 培训专员	
3	营销中心		设营销总监	
		物控部	部门经理 调配专员 仓管 统计及帐务人员	
		拓展招商部	部门经理 拓展专员 招商专员	
		营运部	部门经理 区域经理 售后服务组	
		策划推广部	部门经理 策划、分析、商品、设计等人员	
		礼品事业部	事业部经理 推广专员 区域拓展专员	
4	生产设计中心		设计总监,下设设计部、采购部、跟单组	
5	财务部			
6	公关部			

工作任务二 安妮宝贝有限公司发展规划

安妮宝贝有限公司以时尚休闲服饰作为核心投入,塑造全新的“安妮宝贝”品牌,未来进入家纺、动漫等新的行业,因此公司迫切需要制定业务发展长期战略规划和短期业务规划。

一、操作指南

1. 公司发展规划包括战略规划和业务规划。企业战略规划是企业长期发展的目标和方向，业务规划则是将战略规划进行战术动作分解，把战略方案落实到一系列可操作的行动计划。

2. 战略规划，就是制定组织的长期目标并将其付诸实施。制定战略规分为三个阶段：

(1)第一个阶段就是确定目标；

(2)第二阶段就是要制定这个规划，当目标确定了以后，考虑使用什么手段、什么措施、什么方法等来达到这个目标；

(3)最后，将战略规划形成文本，以备评估、审批。

制定企业战略规划的步骤如图 1-2 所示。

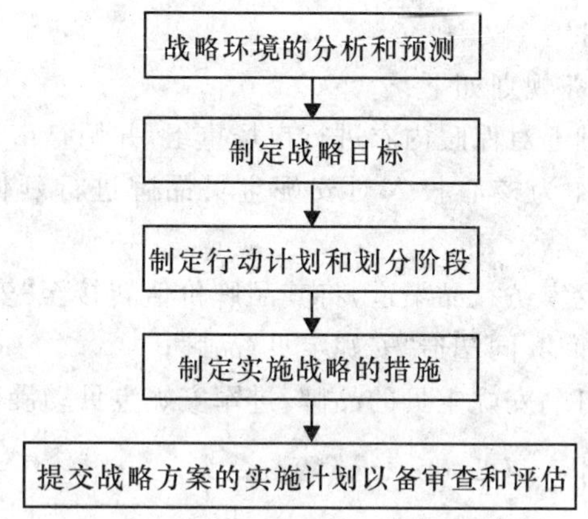

图 1-2　制定战略规划图步骤

3. 业务规划是将战略规划进行战术动作分解，把战略规划方案落实到特定时间内的一系列可操作的行动计划。

二、体验活动

在工作任务引领下，基于操作指南，进行制定企业战略规划、制定短期业务规划、营销开发渠道规划三项体验活动。

1. 制定企业战略规划

第一阶段：市场启动时期(2008—2009 年)

(1)对保暖内衣的市场进行稳健扩张，通过营销模式加大市场覆盖面，争取销售额增长翻一番。

(2)筹备与启动安妮宝贝时尚休闲服饰项目，并建立一定的自营网点。

(3)筹备与策划羊毛类及羽绒类家纺项目，正式启动市场。

第二阶段：企业转型发展时期(2010—2011 年)

(1)启动加盟连锁营销模式，安妮宝贝休闲服装专卖店达到 100 家(其中加盟店占 80%)；

(2)完成安妮宝贝保暖内衣市场资源对休闲服饰市场的拓展，出于品牌规划的需要，进行产品整合，分离保暖内衣项目的管理；

(3)进一步拓深家纺板块在礼品行业及终端消费者的知名度，与休闲服饰形成良好品牌互动推广效果；

(4)优化关联项目投资管理，加大对动漫关联性较大传媒项目的投资力度，为动漫项目投资奠定基础。

第三阶段：产业化及资本运营时期(2012 年)

(1)持续稳健发展安妮宝贝加盟连锁模式，安妮宝贝休闲服装专卖店达到 300 家，安妮宝贝休闲服饰成为国内知名品牌；

(2)再一次进行安妮宝贝的品牌延伸规划，启动动漫产业项目；

(3)整合与优化关联传媒业的投资项目，使公司形成一个时尚休闲服饰、时尚家纺、动漫文化产业及传媒文化产业为一体且各板块彼此间能起到品牌关联互动效果的多元化企业集团，为下一阶段市场扩张及资本扩张奠定基础。

2. 制定短期业务规划

安妮宝贝公司短期业务规划如下：

(1)在现已有产业基础上对保暖内衣进行市场重组，并调整市场销售渠道；

(2)以时尚休闲服饰作为核心投入对安妮宝贝品牌进行延伸，塑造全新“安妮宝贝”品牌；

(3)利用已有品牌开发家纺礼品渠道，将其品牌价值转接至“安妮宝贝”(以双品牌的形式过渡)，以多元化营销空间共同塑造“安妮宝贝”品牌；

(4)以两至三年时间打响安妮宝贝的品牌，进军安妮宝贝动漫产业。

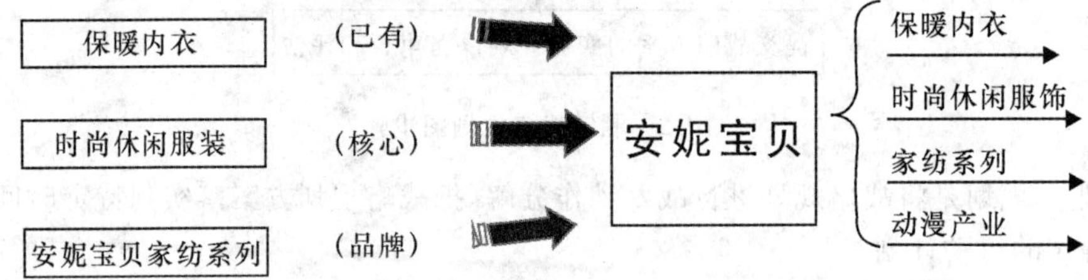

3. 营销开发渠道规划

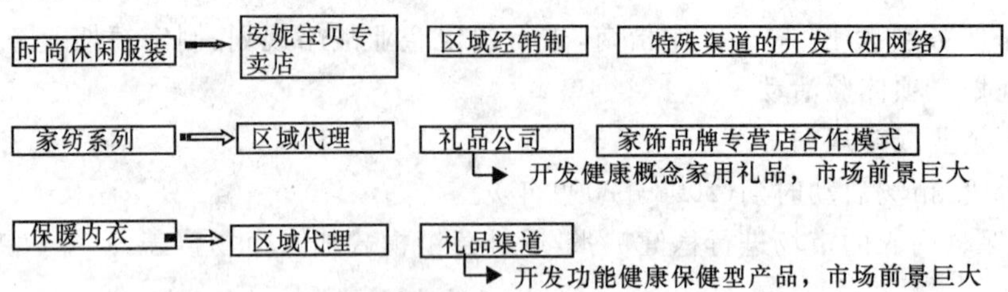

工作任务三　安妮宝贝有限公司投资预算

安妮宝贝有限公司在深入调查研究和科学预测的基础上，按照规划准备进行投资。

一、操作指南

1. 投资建设程序分为三个时期，即投资前时期、项目建设时期和生产经营时期。

2. 投资前时期重点要进行可行性研究，一般分四个阶段：机会研究、初步可行性研究、详细可行性研究、评价和决策。

3. 可行性研究主要内容：市场调查、原材料供应调查、环境保护调查、项目技术设计调查和项目经济评价。

二、体验活动

在工作任务引领下，基于操作指南的，进行制作家纺礼品投资预算表、关联项目投资预算表两项体验活动。

1. 家纺礼品投资预算表

表 1-2　家纺礼品投资预算表　　单位：万元

年度 类别	2008 年	2009 年	2010 年	2011 年	2012 年	合计	备　注
产品设计开发投入	10						
广告宣传投入	50						
产品采购投入	60						
经营流动资金	60						主要用于经营费用及产品订单的采购周转资金
其　它	20						
投入小计	200						
年度销售收入	500	1500	3000	5000	6000		按中等规模的家纺礼品商进行预算
毛利率	30%	30%	30%	30%	30%		
毛利额	150	450	900	1500	1800		
年度费用	100	300	450	750	900		前两年按 20%进行预算，后期规模效应按 15%进行预算
年度利润	50	150	450	750	900	2300	

此表说明：

1. 毛利率按自营店铺 65%，加盟订货 30%进行预算，从 2008 年起，自营收入预算为 250 万元/年；

2. 自营店的费用率按 40%预算，加盟店销售的费用率按 15%预算，品牌推广与宣传费用单列；

3. 销售收入按《五年规划》中的市场规模进行预算。

2. 关联项目投资预算表

表 1-3 关联项目投资预算表 单位:万元

序号	项　　目	2008 年	2009 年	2010 年	2011 年	2012 年	合　计
1	培训	10	10	滚动发展			
2	广告文化传媒	100	50				
3	关联杂志	3	7	滚动发展			
4	行业网站项目		120		滚动发展		
5	合计	113	187				

工作任务四　安妮宝贝有限公司人力资源规划模式

安妮宝贝有限公司根据企业发展规划,对企业未来人力资源需求和供给进行分析,制定人力资源规划,由人力资源部门对内部的职务编制、人员配置、教育培训、招聘和选择等制定具体业务计划。

一、操作指南

1. 安妮宝贝有限公司按照短期、中期和长期规划制定出人力资源模式库。

2. 人力资源规划指企业科学地预测、分析自己在变化的社会环境中人力资源供给和需求状况,制定符合本组织发展的人力资源政策和措施,以确保组织计划的实施和任务完成。

人力资源规划的流程如图 1-3 所示:

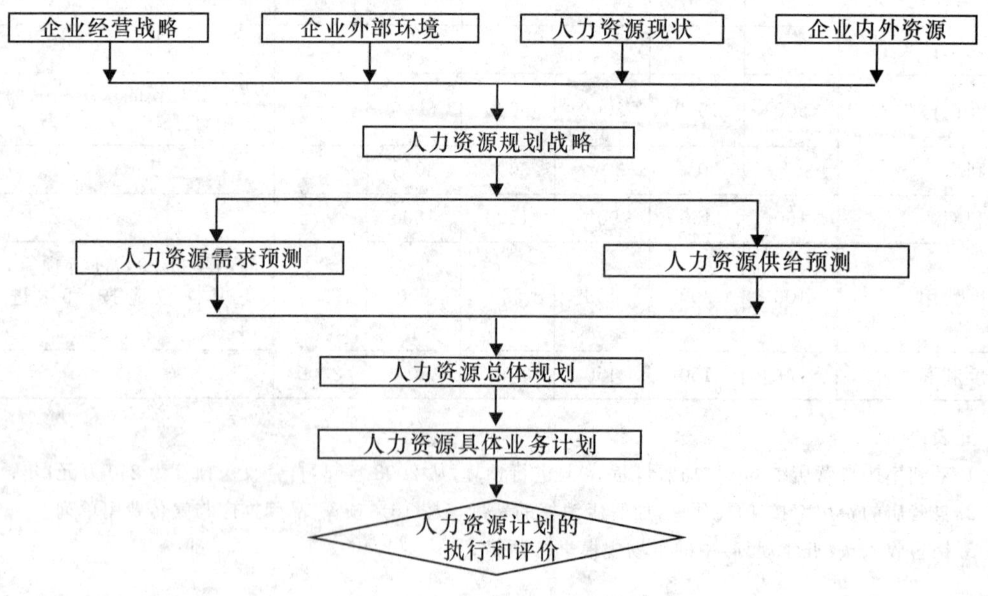

图 1-3 人力资源规划流程图

3. 人力资源预测方法

(1)人力资源需求预测——趋势分析法、专家分析法、比率分析法、企业主管人员判断分析法；

(2)人力资源供给预测——人力资源数据库、职位接续配置法、马尔可夫分析法。

4.人力资源规划的制定

(1)根据企业发展战略目标，结合企业人力资源情况的调查分析，制定人员配置计划；

(2)根据职务计划和人员配置计划，运用预测方法预测人员需求；

(3)在人力资源需求预测的基础上，平衡企业的人员需求和人员供给，选择人员的供给计划，包括招聘计划、人员晋升计划和人员内部调整计划；

(4)为适应员工适应工作岗位的需要，制定相应的培训计划；

(5)编写人力资源费用预算，常见人力资源费用由招聘费用、培训费用、调配费用、奖励费用等；

(6)编写人力资源政策调整计划。

5.人力资源具体业务计划：招聘计划、培训计划、人员使用计划、人员评估与激励计划、人员保留计划、关键任务风险分析。

二、体验活动

在工作任务引领下，基于操作指南的，进行设计人力资源模式库、人力资源现状分析、人力资源规划三项活动。

1.人力资源模式库(图1-4)

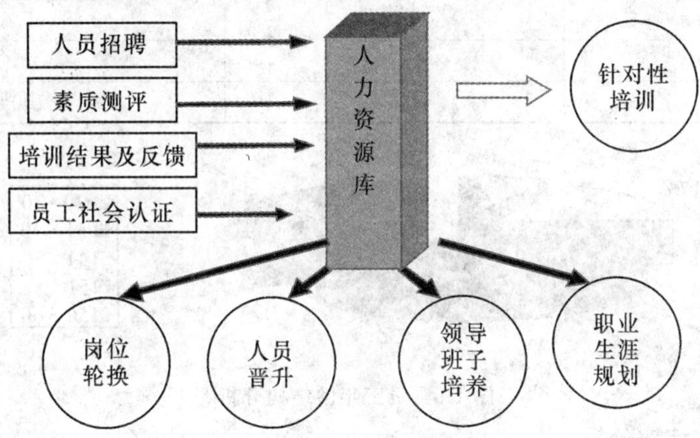

图1-4 人力资源模式库

2.人力资源现状分析

(1)员工学历分析

表1-4 员工学历结构分析

学 历	人 数	所占比例
研究生	11	3%
本科	118	31%
专科	141	37%
中专	44	12%
高中	45	12%
初中	22	6%
合计	381	100%

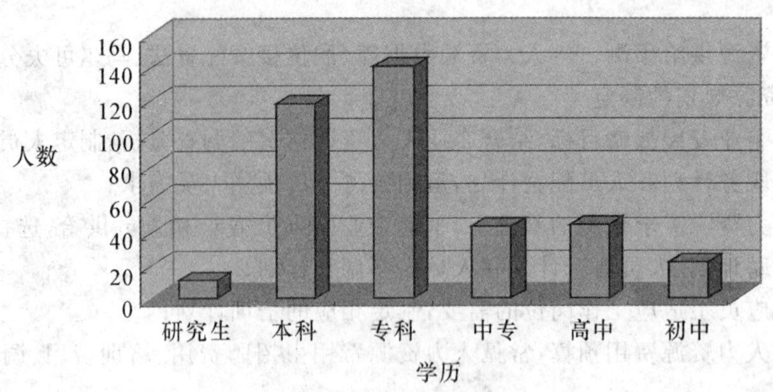

图 1-5 员工学历结构分析

(2)员工年龄结构分析

表 1-5 员工年龄结构分析

年　龄	人　数	所占比例
20～30	128	34%
31～40	160	42%
41～50	66	17%
51～55	20	5%
56～60	7	2%
合　计	381	100%

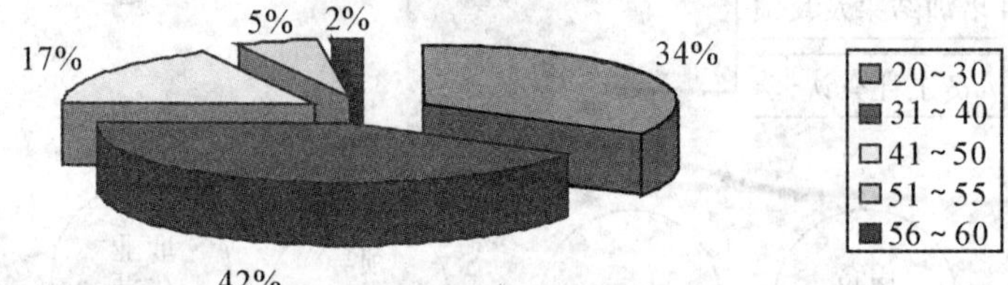

图 1-6 员工年龄结构分析

(3)员工职称结构分析

表 1-6 员工职称结构分析

职称	人数	所占比例
高级	24	11%
中级	118	52%
初级	83	37%
合计	225	100%

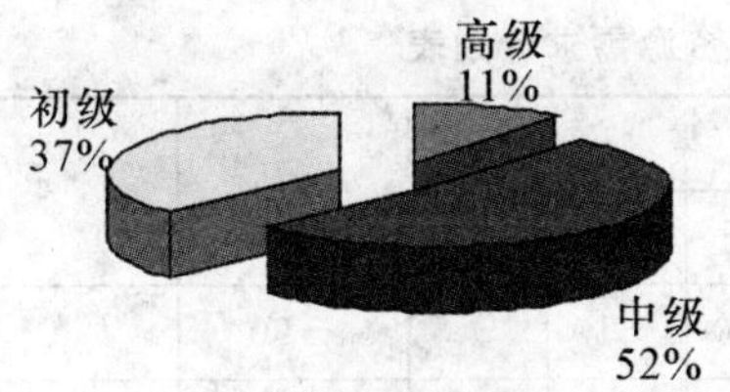

图 1-7　员工职称结构分析

3. 人力资源规划

表 1-7　人力资源净需求表

	项　目	第一年	第二年	第三年	第四年	第五年
需求	1. 年初人力资源需求量	120	140	140	120	120
	2. 预测后内需求之增加	20	—	－20	—	—
	3. 年末总需求	140	140	120	120	120
内部需求	4. 年初拥有人数	120	140	140	120	120
	5. 招聘人数	70	42	60	51	47
	6. 人员损耗	20	27	28	19	17
	其中:退休	3	6	4	1	3
	调出或升迁	15	17	18	15	14
	辞职	2	4	6	3	—
	辞退或其他	—	—	—	—	—
	7. 年底拥有人数	105	118	112	101	103
净需求	8. 不足或有余	－35	－22	－8	－19	－17
	9. 新进人员损耗总计	3	6	2	4	3
	10. 该年人力资源净需求	38	28	10	23	20

表 1-8　人力资源规划书

安妮宝贝有限公司 2010 年人力资源计划

一、需求预测

2010 年人力资源状况调查表

部门	需求人员	现有人员	差数	处理
生产部	200	293	－93	分两期招聘
销售部	20	20	0	一次性招聘
管理部	30	24	6	分两期招聘

人力资源需求计划表

部门	计划需求时间	需要理由	需求人员			合计	备注
			一月	七月			
生产部	一月,七月	生产线增加	−80	−10		−90	
销售部	七月	生产线增加				0	
管理部	一月,七月	生产线增加	6	0		6	
合 计 人 数			−74	−10		−84	

二、招聘

由于7月份开始生产P2,5月份就需要配备相应的人员等级以达到P2研发成功的标准。通过招聘、培训,7月份开始,技术工人2级达80人,3级达100人,4级达20人,工人技术水平达到2.7级;行政管理人员无职称达5人,初级达11人,中级达11人,高级达3人,管理人员平均职称达到6.8级。

1月份招聘2级技术工人20人,初级管理人员7人,中级行政管理人员1人,高级行政管理人员1人,其他人员3人,辅助生产工人3人。7月份招聘4级技术工人20人,5级技术工人20人,初级管理人员5人,中级行政管理人员2人,高级行政管理人员1人,其他人员3人,辅助生产工人6人。

岗位	月份	级别	人数(人)	人均成本(元)	合计(元)
技术工人	1	1	20	1000	20000
技术工人	7	4	20	1000	20000
技术工人	7	5	20	2000	40000
行政管理人员	1&7	初	12	2000	24000
行政管理人员	1&7	中	3	4500	13500
行政管理人员	1&7	高	2	7000	14000
其他人员	1&7	辅助	9	100	900
其他人员	1&7	其他	6	100	600
合计		∕	92		103000

三、培训

1月份将180名1级技术工人升级到2级,80名2级技术工人升级到3级,20名3级技术工人升级到4级,10名无级别行政管理人员升级到初级,6名初级行政管理人员升级到中级,2名中级行政管理人员升级到高级。7月份将180名2级技术工人升级到3级,80名3级技术工人升级到4级,20名4级技术工人升级到5级,46名初级行政管理人员升级到中级,1名中级行政管理人员升级到高级。

岗位	月份	培训前级别	培训后级别	人数(人)	人均成本(元)	合计(元)
技术工人	1	1	2	180	320	57600
技术工人	1	2	3	80	460	36800
技术工人	1	3	4	20	650	13000
行政管理人员	1	无	初	10	1000	10000
行政管理人员	1&5	初	中	10	1500	15000
行政管理人员	1&5	中	高	3	2260	6780
技术工人	5	2	3	180	460	82800
技术工人	5	3	4	80	650	52000
技术工人	5	4	5	20	900	18000
合计						291980

四、执行成本

项目	人　数(人)	成　本(元)
招聘	92	103000
培训	/	291980
解雇	/	0
合计	/	394980

项目二

工作分析与工作设计

业务导入

通过工作分析，明确安妮宝贝公司各个岗位的工作职责、工作方式及任职之资格等，是企业人力资源管理各项职能的基础，也是人力资源管理最基本的职能。

工作设计是工作分析的最终成果，是为了有效地达到组织目标，提高工作效率，对工作内容、工作职责、工作方式、工作关系、工作结果、工作结果的反馈和任职者的反应等六个方面内容进行变革和设计。

工作任务一　安妮宝贝有限公司岗位工作分析

为了更好地按照公司战略计划发展，必须对岗位进行综合分析，通过调查进行设计分析，在工作分析和工作规范基础上，各就其位，各司其职，才能更好地提高效率。

一、操作指南

1. 工作分析是对组织中某个特定岗位工作职务的目的、任务或职责、权利、隶属关系、工作条件、任职资格等相关信息进行收集和分析，从而对该职务工作做出明确的规定。

2. 工作分析的流程：

(1)制订工作分析计划，确认工作分析范围、目标等事项；

(2)确定参与工作分析人员；

(3)选择分析样本；

(4)收集并分析工作信息；

(5)编写工作说明书；

(6)实施工作说明书反馈和改进。

具体流程如图 2-1 所示。

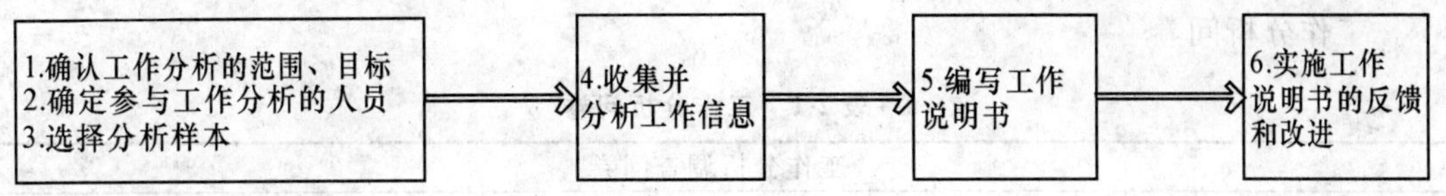

图 2-1　工作分析的流程

3. 工作分析方法

(1)定性分析

①观察法；

②面谈法；

③问卷调查法；

④员工记录法；

⑤工作实践法。

(2)定量分析

①工作分析计划表分析法；

②职能工作分析法；

③职位分析问卷法；

④职业测定制度。

4. 工作分析的模式

(1)以考察工作为中心的工作分析；

(2)以考察员工为中心的工作分析。

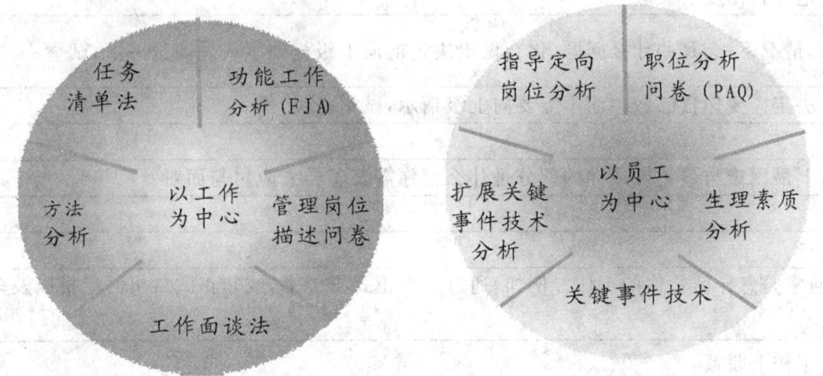

二、体验活动

在工作任务引领下，基于操作指南，进行设计工作分析问卷体验活动。

工作分析问卷

表 2-1　工作分析问卷

工作分析调查问卷			
姓名		职位名称	
部门		工作地点	
填表日期		直属上级	

一、职位简介

请描述你所属部门/单位在整个机构里的功能，以及你在部门相当什么角色？你的主要职责所在？

二、资料提要

请列出与你职位直接或间接有关的资料，而这些资料可以超出你工作的范围与程度，以及这些资料基本上是可以量度的。例如：营业额、生产成本、经营性开支、下属数目等。

三、组织关系

请列出直属上级，与你工作有关联的同事，以及所有向你直接报告的下属（只要列职位，不要姓名）

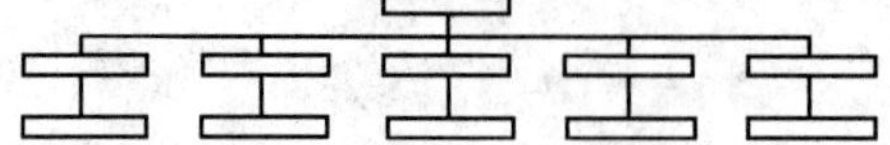

四、主要职责

请详述你的职位负责的主要职务，而你要对这项职务的最终结果负责。一般而言，这些结果是可以量度的。每句请用动词开始。

五、资格与经验

请详细列出此职位需要的专业资格、学历、特殊训练和经验，包括需要多少时间去获得什么样的经验。请注意：这是此职位的需求，不是你自己的情况。

六、做出决定的自由度

在什么情况下，会是些什么问题，你会做出决定前向上级先请示或先商量一下，试举一、二例。

七、有什么决定需要你自己做主而不需要向上级请示，试举一、二例。

八、你工作上最困难与最具挑战性的部分是什么？你需要怎样去应付与面对？

九、工作报告

上级通常是怎样监督你的工作？例如，通过一期正式报告书，或非正式口头的汇报以及多久才向他报告等。

十、与他人工作上联系

工作上你需要与什么人接触最多(包括公司外的人)，以及接触的目的与性质是什么？与谁接触？

十一、职位要件

教育程度及所需资质

工作经验

专业知识及技能

其他特定需求

可升迁职位

调查者签字________　　完成日期____________

工作任务二 编写安妮宝贝有限公司岗位工作说明书

为了公司定岗定编，明确责任，履行职责，要编写工作说明书即职务说明书，编写工作规范及任职说明。

一、操作指南

1.工作说明书又称职务说明书，是工作分析的成果。它包括两个部分：一是工作描述，说明有关工作的特征；二是工作规范，又称任职说明，说明对从事工作的人的具体要求。

2.工作描述的编写。

工作描述是关于一种工作中包含的任务、职责及责任的目录清单。包括以下基本内容：

(1)工作识别，包括工作名称和工作地位，其中工作地位主要指所属的工作部门、直接上级职位、工作等级、工资水平、所辖人数、定员人数、工作地点、工作时间等；

(2)工作编号，又称岗位编号、工作代码；

(3)工作概要，又称职务摘要，指用简洁的语言概述工作性质、中心任务和要达到的工作目标；

(4)工作关系，指任职者与组织内外其他人之间的关系，包括此工作受谁监督、可晋升的职位、可转换的岗位，与哪些部门的职位发生联系等；

(5)工作职责，逐条指明工作的主要职责、工作任务、工作权限及工作的绩效标准等；

(6)工作条件与工作环境。

3.工作规范的编写。

工作规范，又称任职说明，是一个人为了完成某种特定的工作所必须具备的知识、技能、能力及其他特征的一份目录清单。主要包括以下内容：

(1)一般要求，包括年龄、性别、学历、工作经验等；

(2)生理要求，包括健康状况、力量与体力、运动灵活性、感觉器官的灵敏度等；

(3)心理要求，包括观察能力、学习能力、解决问题能力、决策能力、交际能力、兴趣、爱好等。

4.工作说明书，也称岗位说明书，包含工作描述和工作规范两部分，是任职者的工作依据和具体要求。

5.工作说明书的编写原则：

(1)统一规范；

(2)明晰具体；

(3)范围明确；

(4)共同参与。

二、体验活动

在工作任务引领下，基于操作指南的基础上，下面进行工作描述的编写、工作规范的编写、工作说明书的编写三项体验活动。

1.工作描述的编写

表 2-2 人力资源经理助理岗位的工作描述

工作名称:人力资源经理助理	职务编号
所属部门:人力资源部	直接上级:人力资源经理
定员:1人	所辖人员:15人

工作概要:

1.工作要求:认真负责、有计划性、热情周到

2.工作职责:

(1)基本活动:协助人力资源经理方面的各种工作活动,向上级汇报;

(2)准备工作安排、发布招聘广告、进行招聘面试、核实推荐材料等;

(3)撰写内部和外部来往信函及其他文字工作;

(4)从事日常协调工作;

(5)管理员工福利、储蓄,健康等;回答员工的问题和调查索赔问题;

(6)及时更新员工档案资料;

(7)接受上级监督。

3.工作条件:

正常工作条件,不存在令人讨厌的状态。

2.工作规范的编写

表 2-3 人力资源经理助理岗位的工作规范

工作名称:人力资源经理助理	直接上级:人力资源经理	工资等级:3级
定员:1人	所辖人员:15人	工资水平:3000元/月

1.知识、技能和能力:

(1)关于公司政策、程序、产品等方面的知识。

(2)关于人力资源实践工作活动和办事惯例方面的知识。

(3)关于就业法律的知识,如:残疾人法、家庭和病假法、职业安全和健康法及其他法律。

(4)关于因工伤残补偿索赔管理方面的知识,关于健康保险索赔管理方面的知识。

(5)与该职务相关的内容方面的知识,如全国电子编码(Nation Electric Code)的要求、职业安全和健康法要求等。

(6)分析思考能力和解决问题方面的技能。

(7)解决冲突的手段和措施方面的技能。

(8)书面与口头交流技能。

(9)谦恭有礼的和专业的举止,与同事和各种工作上的人际关系进行交往的能力。

2.教育程度与工作经历要求:

管理专业或相关领域大专毕业,两年的人力资源管理工作实践或同等经历。

3.体格要求:

视力:必须能够看清计算机屏、数据报告和其他文件。

听力:必须能够足以与同事、员工和顾客交流,参加各种会议和准备公司信息。

主要责任:成功地完成所分配的任务,提高工作效率。

3. 工作说明书的编写

工作说明书编写有如下几种形式，见表 2-4、表 2-5、表 2-6。

表 2-4 工作说明书(1)

<table>
<tr><td>工作名称:人力资源经理助理</td><td>直接上级:人力资源经理</td><td>工资等级:3 级</td></tr>
<tr><td>定员:1 人</td><td>所辖人员:15 人</td><td>工资水平:3000 元/月</td></tr>
<tr><td>分析日期:2007/10</td><td>分析人:人事部张三</td><td>批准人:人事部经理李四</td></tr>
<tr><td colspan="3">职责和权力:
1. 基本活动:协助人力资源经理的各种工作活动;向上级汇报
2. 准备工作安排、发布招聘广告、进行招聘面试、核实推荐材料等。
3. 撰写内部和外部来往信函及其他文字工作
4. 从事日常协调工作
5. 管理员工福利:储蓄,健康等;回答员工的问题和调查索赔问题
6. 及时更新员工档案资料
7. 接受上级监督</td></tr>
<tr><td colspan="2">能力要求:
因素
细分因素</td><td>限定条件</td></tr>
<tr><td colspan="2">1. 知识
(1)教育 (2)经验 (3)技能
2. 解决问题的能力
(1)分析 (2)指导 (3)交流沟通
3. 决策能力
(1)人际关系 (2)管理方面</td><td>具备硬件、软件方面的知识
助理人力资源师或以上的证书
三年以上的人力资源管理工作经验
文字处理,协调能力等
具备分析人员安排和人事管理的能力
指导新员工和实习生的工作
具备广泛的沟通能力,能够协调和其他部门之间关系,及时处理员工去留档案资料,能紧密结合下属工作和其他管理工作
在日常工作中对资料有系统的管理,及时更新能力</td></tr>
<tr><td colspan="3">主要责任:成功地完成所分配的任务,提高工作效率。</td></tr>
</table>

表 2-5 工作说明书(2)

单　位		职称	
职　务		主要工作	

项目	工作内容	平均每日工作时间	备　注（偶发性工作需几天）
1			
2			
3			
4			
5			
6			
7			
8			
9			
10			
11			
12			

应具备的基本资格及条件

个人条件	性别		智能	领导力	□极需要 □需要 □不需要
	年龄			应变力	□极需要 □需要 □不需要
	最高学历			计划力	□极需要 □需要 □不需要
	经历			创造力	□极需要 □需要 □不需要
技能	语言		体能	脑　力	□极需要 □需要 □不需要
	专业知识			体　力	□极需要 □需要 □不需要
	操作设备		工作环境	工作场所	
	操作技能			危险性	

表 2-6　工作说明书(3)

一、基本资料

职位名称	市场部经理		所属部门名称		市场部
职　系	经理	职 等	经理一级	职位编号	
直接上级	总经理	直接下级及人数	市场部人员______人		
本部门最佳编制人员数	7 人		本部门实际在职人员数		______人
本职位最佳编制人员数	1 人		本职位实际在职人员数		______人

二、岗位概述

本岗位主要是负责：

公司所辖区域内市场网络的拓展和维护，客户关系管理，以及协助各店铺做好营业培训及进行店铺产品陈列指导。

中心任务：使 361°这一品牌在本区域的运作顺利、发展平稳，并协助分公司经理完成总公司下达的 2005 年度销售指标。

下阶段的工作目标：完成 2005 年度销售指标______，并合理地对本区域的市场进行规划，店面的整改及新网点的开发、各阶段销售政策的制定、各种培训活动的召开。

三、工作协作联系

对内经常需要协调的部门	行政部，自营部，营运部，财务部
对外经常需要协调的机构	361°营销总部、公司所辖区域的加盟商、器架公司、广告公司、装饰公司、公关活动相关单位

四、职位关系

可直接升迁的职位	
可互相转换的职位	自营部经理

五、本部门组织结构及人员编制图

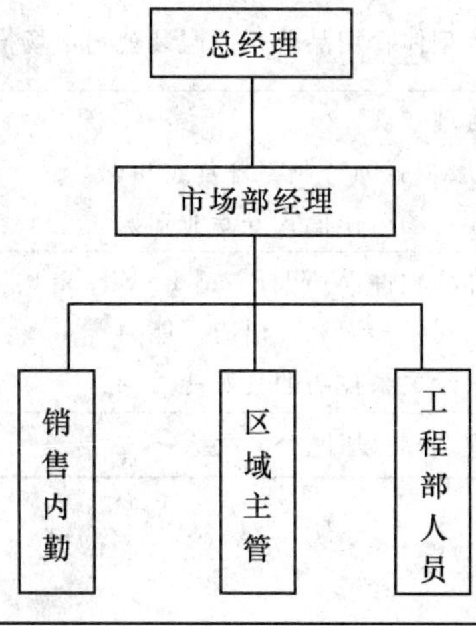

六、工作职责及考核标准

考评分	关键绩效职责(最多不超过6项)	关键考核标准
50分	网络拓展	1.增网点(30分) 2.改进网点(20分)
30分	客户管理	1.进销存管理(10分) 2.零售指导管理(5分) 3.装修指导(5分) 4.广告投放(5分) 5.经销商执行公司制度情况管理(5分)
10分	常规工作	1.物品配送(5分) 2.档案卡的回返(5分)
考评分	其他日常工作绩效职责	辅助考核标准
5分	提交工作计划及报告	1.工作计划总结及分析(5分)
5分	对内外沟通	1.经销商沟通、解决经销商提出的疑义 2.与总公司相关部门沟通 3.与分公司各部门沟通

七、工作权限

1.公司合理化的建议权
2.有对直接下级人员的调配,奖惩的建议权和任免的提名权
3.对所属下级的工作监督权、检查权
4.对所属下级的绩效考核评价权
5.市场问题解决的建议权
6.公司大型活动或者会议现场指挥权

八、任职资格要求

要素	细分因素	限定具体内容
知识	教育水平	大专以上学历、市场营销、企业管理专业或服装服饰相关专业
	经验	有2年以上大型体育用品公司或服装公司市场推广及市场管理实战经验
	专业知识	1.市场营销管理知识 2.体育用品,服装服饰行业零售营业知识 3.了解本行业市场运作模式等专业知识
	技能技巧	1.熟练使用办公软件 Word.Excel,Powerpoint 2.具备一定的网络知识和英语应用能力 3.具备处理人际关系技巧的良好能力
	培训经历	市场营销管理、服装设计、公共关系

<table>
<tr><td rowspan="4">能力</td><td>分析能力</td><td colspan="2">具有敏感的市场洞察力和市场前瞻力，可以对目标市场进行较深刻的分析，有较强的分析本部门工作的能力。</td></tr>
<tr><td>协调能力</td><td colspan="2">1. 对内协调上级领导，下级职员及周边的关系，保证工作顺利进行
2. 对外协调与总部，客户与公关公司的关系，保证工作顺利进行。</td></tr>
<tr><td>指导能力</td><td colspan="2">指导、监督本部门职员开展日常工作，指导加盟商按公司要求规范运作市场，具备培训本部门职员的能力。</td></tr>
<tr><td>沟通表达能力</td><td colspan="2">具有良好的沟通意识
具备较好的语言表达能力和文字表达能力</td></tr>
<tr><td rowspan="3">决策能力</td><td>人际关系</td><td colspan="2">紧密配合上级和其他人员的工作，接受直接上级的领导
保证本部门工作顺畅，客户满意度较高</td></tr>
<tr><td>管理方面</td><td colspan="2">工作中向直接上级负责
具备管理本部门职工和公司所辖区域客户的能力</td></tr>
<tr><td>财务方面</td><td colspan="2">具备基本的财务知识，负责本部门财务方面的初次审核</td></tr>
<tr><td>基本素质</td><td colspan="3">具备较强的领导能力、组织协调能力、沟通能力、人际关系能力、敏感的市场洞察力和影响力，较强的工作计划与执行力及客户服务能力。</td></tr>
<tr><td>个性特征</td><td colspan="3">开朗、乐观、向上、善于沟通，有积极的进取心，有较好的心理承受能力及危机意识，爱岗、敬业，有良好的团队合作精神</td></tr>
<tr><td>体能要求</td><td colspan="3">身体健康、充满活力，可以适应大强度的市场走访和出差考察市场</td></tr>
<tr><td rowspan="2">其他要求</td><td colspan="2">刚毕业学生胜任该职位的时限</td><td>从事与之相关的岗位或低一级的岗位完全胜任该职位的时限</td></tr>
<tr><td colspan="2">______年</td><td>______年</td></tr>
</table>

九、培训

上岗前应接受的培训内容	上岗后应继续教育培训的内容
1. 公司的历史及现状 2. 公司的组织结构及工作流程 3. 公司产品知识介绍 4. 公司的各项规章制度 5. 员工守则	1. 市场营销与管理 2. 绩效管理 3. 工作技巧 4. 产品知识（最新） 5. 人格激励 6. 团队协作

十、工作条件

<table>
<tr><td rowspan="2">工作时间</td><td>一般工作时间</td><td>每天 8 小时</td></tr>
<tr><td>加班情况</td><td>偶尔会加班（在做大型活动或新店开业前及市场考察时会加班）</td></tr>
<tr><td>工作场所</td><td colspan="2">办公室或区域市场</td></tr>
</table>

工作环境	工作环境较舒适，没有得职业病的可能性。
工具设备	电脑、相机、投影仪及一般办公设备（电话、传真机、打印机、复印机、网络及通信设备）
上级意见	直接上级确认符合事实后，签名：　　　　　　　　日期：
	（如不符合，请在下面空格说明，并更正）

说明：1. 本职位说明书由在职员工和直接上级、主管上级共同拟制，经员工确认、部门审核、主管领导批准后执行，并作为指导、奖励员工、绩效管理的基本依据。

2. 因工作内容、工作环境变化及个人等原因，职位内容应及时修改和完善。

项目三

员工招聘和录用

业务导入

根据企业的经营目标与业务要求，在人力资源规划的指导下，根据工作说明书，把优秀人才、所需人才在适当的时候放在适当的岗位，是公司人力资源管理的重要职能。安妮宝贝有限公司为了进一步扩大公司的规模，决定招聘和录用新员工。

工作任务一　安妮宝贝有限公司员工招聘计划

公司为了扩大规模，按照公司长期发展战略规划，各部门严格按照招聘程序进行有计划分阶段发布信息、选拔、录用新员工。

一、操作指南

1. 招聘，包括招聘、选拔和录用三个阶段；广义上讲，则包括计划、招聘、选拔、录用和评估五个阶段。

2. 人员招聘是建立在人力资源规划和工作分析两项基础工作上。

3. 员工招聘流程，如图 3-1 所示。

4. 招聘计划是招聘主要依据，由用人单位根据部门发展需要制定，然后由人力资源部门审核复查，签署意见后交由上级主管审批。

招聘计划的具体内容包括：

(1) 招聘岗位和岗位要求，包括招聘岗位名称，人员需求量、任职资格要求等；

(2) 招聘信息发布时间和渠道；

(3) 招聘渠道和方法选择；

(4) 招聘小组人选；

(5) 应聘人员考核方案；

(6) 招聘的截止日期；

(7) 新员工上岗时间；

(8) 招聘费用预算，包括资料费、广告费、差旅费和人才交流会费用等；

(9) 完整、详细的招聘工作时间表；

(10) 招聘广告样稿。

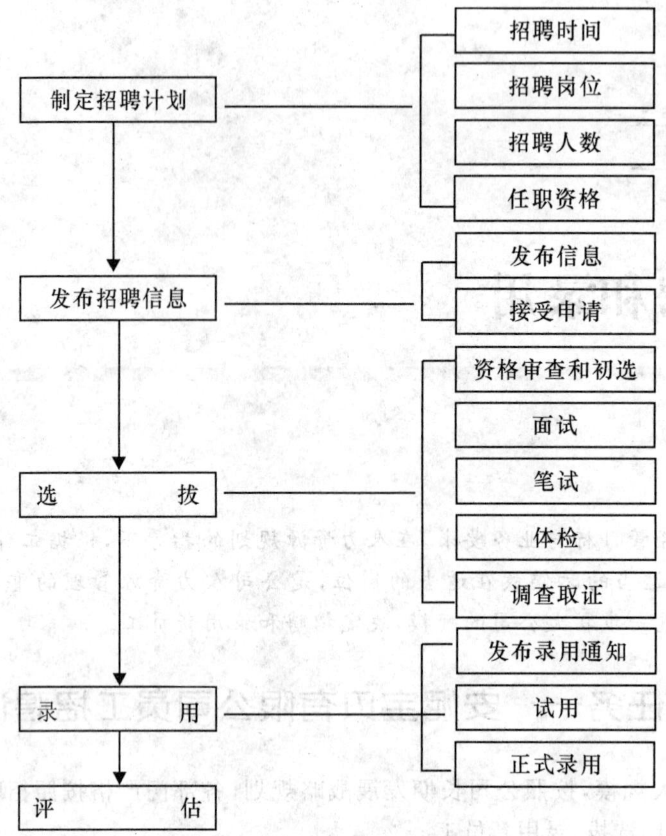

图 3-1　员工招聘流程

5. 招聘计划制定步骤。

（1）获取人员需求信息，人员需求信息的获取一般有以下三种渠道：根据年度人力资源计划预算招聘；企业在职人员离职或调动岗位而产生的职位空缺；部门经理递交的用人申请；

（2）选择招聘信息发布时间和发布渠道；

（3）初步确定招聘小组；

（4）编制招聘预算；

（5）编写招聘工作时间表；

（6）草拟招聘广告样稿。

6. 员工招聘途径有内部招聘和外部招聘两大渠道。

内部招聘主要方式有：

（1）提升；

（2）工作调换；

（3）工作轮换；

（4）内部人员重新聘用。

外部招聘主要方式有：

（1）媒体广告；

（2）职业介绍机构；

(3) 学校招聘；

(4) 员工推荐；

(5) 网络招聘。

二、体验活动

在工作任务引领下，基于操作指南的基础上，下面进行招聘的基本思路、特殊人群的招聘、人员招聘计划、单个岗位招聘、招聘费用预算、发布招聘信息六项体验活动。

1. 招聘渠道选择

(1)第一阶段

现在渠道	基本思路	现在分布及延伸拓展
综合性人才招聘会	省市内招聘为主，针对性选择省外人才密集地点的高层次招聘会或产业关联度大的专业性招聘会	主要参加浙江杭州、温州人才市场组织的各层次招聘会以及上海、南京、无锡等外地高层次人才招聘会，尝试参加广东、兰州、苏州等行业集中地的服装类专场招聘会
地 网络招聘	及时维护网点招聘信息，增加全国性、专业网点及网络招聘广告，完善公司外部网	现常用招聘网站：海内：无忧人才网、浙江人才网、温州人才网；全国性：中国服装网
校园招聘	主动出击，抢先猎取具有较高培养潜质的应届毕业生	现主要集中在省内、华东地区的高校

(2)第二阶段

拓展渠道	基本思路	现有分布及延伸拓展
专业报刊、杂志招聘	拓展与企业推广、专业报刊杂志、行业会议会展等结合起来的招聘	曾在《中国服装》、《时尚》等专业杂志上进行招聘 拓展其他专业杂志的招聘，如《服装界》、《时装杂志中心》等，重视行业会议相关的招聘活动
定点招聘	独立组织针对性的定点专场招聘会，尤其服装行业集中地点的定点物色	尝试过杭州服装定点招聘 拓展南京、广东、上海、苏州等服装集中区块开展的定点招聘
内部推荐	积极制定鼓励内部员工推荐合适人选，实施奖励	暂无

(3)第三阶段

探索渠道	基本思路	现有分布及延伸拓展
猎头招聘	探索摸着招聘新途经；对于紧缺稀缺的岗位，初步尝试与猎头公司的合作	现与杭州地区个别猎头公司取得初步合作；尝试与多家猎头公司的公司合作，拓展与上海、广东猎头的合作，比较及选择合适的猎头公司作为长期合作伙伴
专业公司组织的猎头式招聘会	积极获取由专业中介公司（如猎头）组织的高层次人才小型见面会招聘信息并有选择性地组织参加	暂无 积极参加与产业有关的高层次人才小型见面会，有选择性地参加综合性洽谈会及定向推介会

2. 特殊人群的招聘

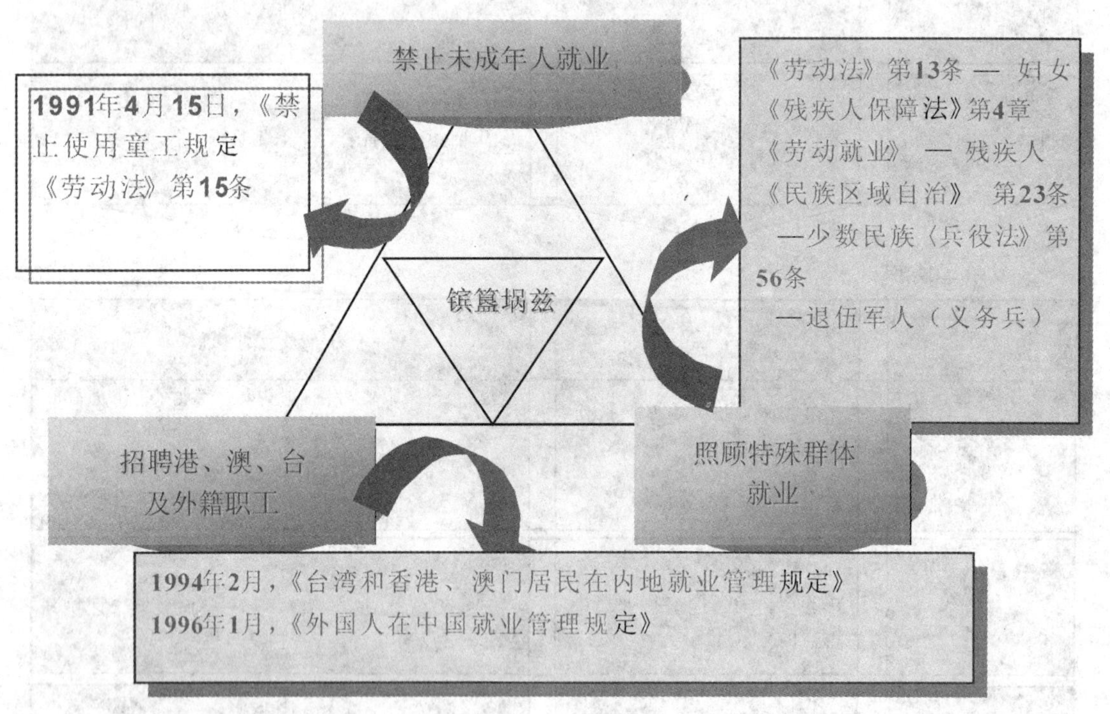

3. 人员招聘计划

表 3-1 安妮宝贝有限公司人员招聘计划

一、人员需求

职务名称	人员数量	其他要求
行政专员	3	本科以上学历;一年以上行政管理相关工作经验
市场专员	4	服装或市场营销相关专业
办公室秘书	1	中文、行政管理、文秘等相关专业

二、信息发布时间和渠道

1. 温州商报 10 月 9 日

2. 温州人学就业人才网 10 月 9 日

三、招聘小组成员名单

四、选拔方案及时间安排

1. 行政专员

资料筛选

初试(笔试)

复试(面试)

2. 市场专员

资料筛选

初试(笔试)

复试(面试)

3. 办公室秘书

资料筛选

初试(笔试)

复试(面试)

五、新员工上岗的时间

六、招聘费用预算

七、招聘工作时间表

安妮宝贝有限公司

4. 某个岗位招聘计划

表 3-2 安妮宝贝公司人力资源部经理助理岗位

部门：人力资源部

招聘职位：人力资源部经理助理

招聘人数：1 名

呈报人：人力资源部经理

起草人：人力资源部经理

工作概要：
1. 撰写会议通知、会议纪要、日常信件和工作报告；
2. 会谈、会务安排；
3. 熟悉人力资源管理，在招聘、培训、绩效考核、薪酬设计等方面具有一定的经验；
4. 能独当一面，很好地带领职员将人力资源工作顺利进行；
5. 接待访客；
6. 公司档案处理与管理。

入职条件：
1. 男女不限，年龄 25—38 岁；
2. 秘书、中文等相关专业大专以上学历，拥有助理人力资源师或以上的专业证书，三年以上工作经验；
3. 熟练使用操作办公自动化设备，包括计算机、打印机、传真机、复印机等；
4. 有良好的文字表达能力，具备较强的沟通能力；
5. 认真负责，积极主动执行交办工作；工作效率高，条理性强，有团队合作精神；
6. 有人事、劳资、行政、文秘、社保工作经验。

招聘方法：内部员工可竞职，外部人员需参加面试

招聘信息发布时间：2008 年 10 月 19 日星期五

招聘信息截止日期：2008 年 10 月 31 日

报名方式：进入公司网站www.anbb.com 的信息服务中的招聘

面试时间：2008 年 11 月 7 日下午 2:00

面试地点：安妮宝贝公司行政楼 211 会议室

宣传渠道：本公司网站，温州商报，电子报

招聘对象：现住于温州地区的人

招聘实施部门：人力资源助理招聘组

招聘预算：宣传媒体 1000 元
培训 500 元

备注：

5. 招聘费用预算

表 3-3 2008 年度安妮宝贝公司销售人员招聘预算表 (单位/元)

一、招聘广告费用支出 宣传材料费 20000 报纸广告费 30000 二、招聘测试费用支出 笔试费用 2000 茶水费用 200 三、体格检查费用支出 医院检查费用每人 30 预计有 6 个人参加此项目共 180 四、其他预算 此项目中共有 2 个人可参加:预计每人培训费 200,共 400 每人每月工资 800 共 1600
公司的人力资源预算共需 54380
备注:

6. 发布招聘信息

表 3-4 安妮宝贝有限公司招聘启事

公司简介:
招聘职位:人力资源部经理助理
招聘人数:1 名
学历要求:大专以上学历,拥有助理人力资源师或以上的专业证书
工作年限:三年以上
电脑技术操作要求:精通 office 软件
外语要求:拥有英语四级以上证书
接受简历语言:中文和英文
薪水范围:面议
工作地点:温州市
截止日期:2008 年 10 月 30 日
面试时间:2008 年 11 月 7 日下午 2:00
联系方式:0577－80120063
招聘地址:温州市安妮宝贝公司行政楼 211 会议室
咨询电话:0577－80135698 或 0577－80152269
传真:0577－66559988
联系人:张小姐或陈先生
电子邮箱:lacyyan@163.com
备注:该次招聘信息在温州商报、安妮宝贝公司信息中心(招聘主栏)和各电台广告都可以查找到。有意者请将简历发给我们。如有疑问欢迎拨打咨询电话。

安妮宝贝公司人力资源部
2008 年 10 月 17 日

工作任务二 安妮宝贝公司应聘员工选拔

员工选拔是招聘过程中最关键的一步，通过初选、笔试、面试、体检、取证等过程，从应聘人员中选出企业所需的人才。

选拔过程严格按照流程进行，心理测试对用人部门更为关键，面试内容按照非结构化实施。

一、操作指南

1. 员工选拔的流程如图 3-2 所示。

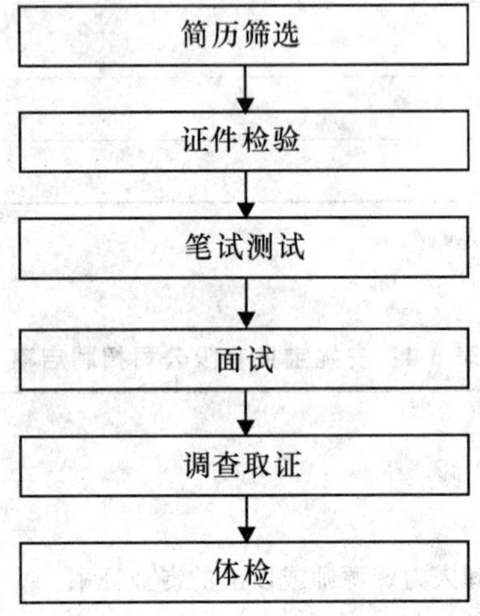

图 3-2 员工选拔的流程图

2. 选拔过程中考察员工能力范围如图 3-3 所示。

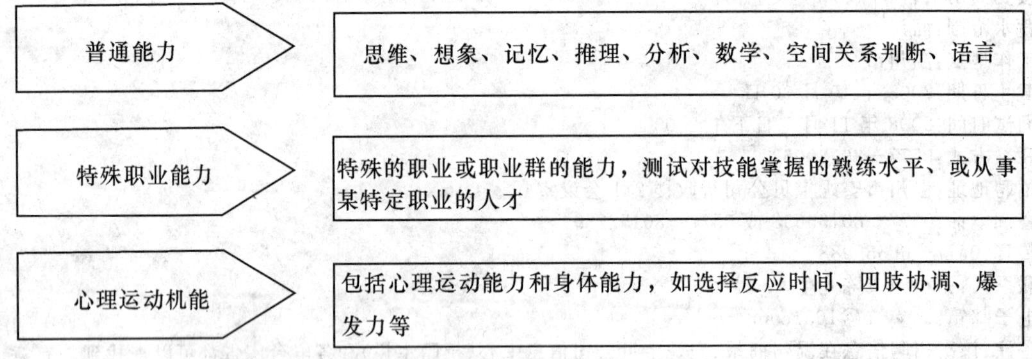

图 3-3 员工能力考察

3. 笔试：包括一般知识考试和专业知识考试。

一般知识考试可以包括社会文化知识、语言理解能力、数字能力、逻辑推理能力等，目的主要是了解求职者对基本知识的了解程度。

专业知识考试主要是和应聘职位有直接关系的专业知识，目的是为了了解应聘者掌握相关专业知识的程度和范围。

4. 员工面试程序和方法。

(1)面试的方法：

①结构化面试：面试前，主考官事先准备好面试题目等，严格按照设计好的程序对每个应试者进行相同内容的面试。

②非结构化面试：没有固定的模式和统一的标准，提问题因人而异，根据现场情景设计开放式问题的一种面试方法。

③压力面试：面试中，主考官提问一些意想不到的问题，以考察其应变能力、压力承受能力等，测试其解决问题的能力。

④行为描述面试：通常提问应聘者过去的工作经历，判断应聘者在特定情况下，什么是有效和什么是无效的行为模式，预测应聘者在本组织中将会采取的行为模式。

(2)面试的程序如图 3-4 所示：

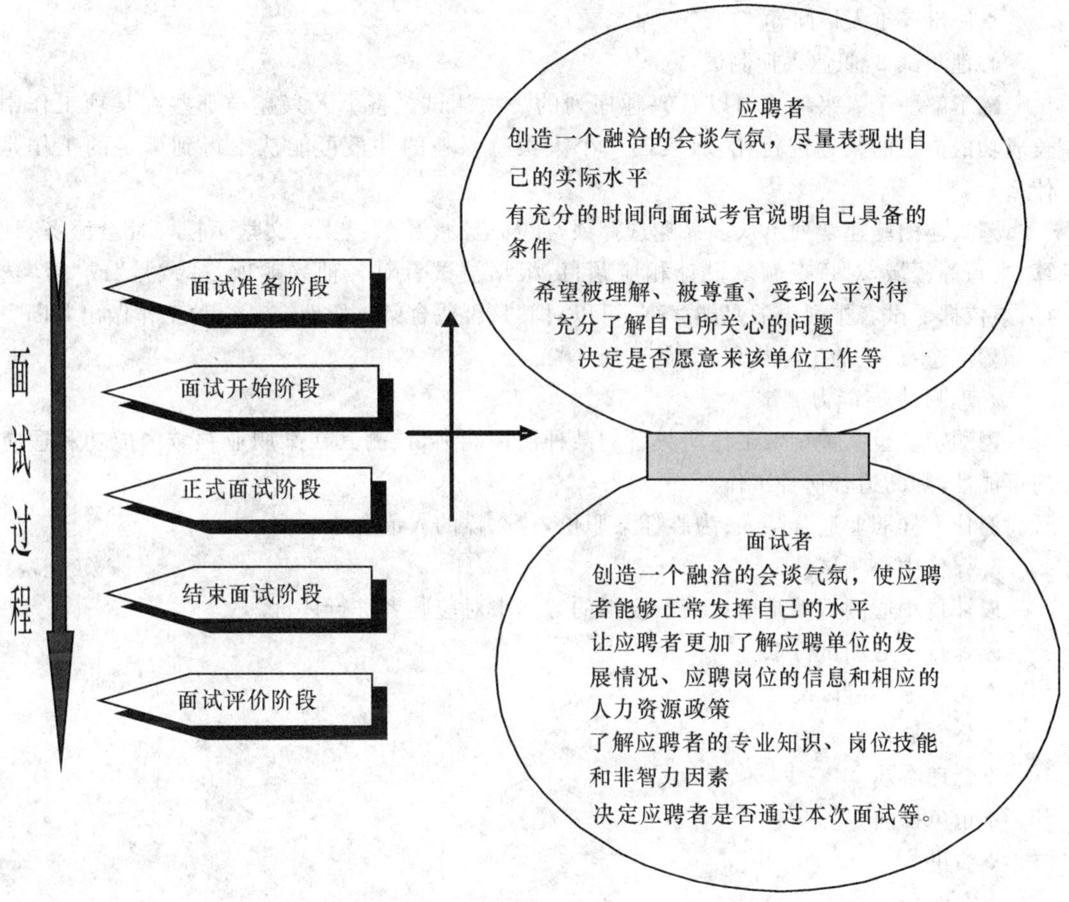

图 3-4　面试的程序

5. 招聘常用的心理测试方法。

心理测试，是指在控制的情境下，向应试者提供一组标准化的刺激，以所引起反应作为代表行为的样本，从而对其个人的行为作出评价。

心理测试难度较大，通常需选择专业心理测试人员，或委托专业人才机构或心理学研究所进行测试。

心理测试有以下类型：

■能力测试；

■人格测试；

■兴趣测试。

心理测试1：个性测验

■个性是指一个人比较稳定的心理活动特点的总和，它是一个人能否施展才能，有效完成工作的基础。个性可以包括性格、兴趣、爱好、气质、价值观等等。

■个性测试又称性格测试、人格测试，考察应聘者是否具有胜任工作所需的人格特征过程。

■常用工具

❖五大人格测验：情绪稳定性(N)、外向性(E)、开放性(O)、愉悦性(A)、自觉性(C)。

❖加州青年人格问卷

心理测试2：职业兴趣测试

■了解一个人兴趣方向以及兴趣序列的一项测试。将个人兴趣与那些在某项工作中较成功的员工的兴趣进行比较，表明一个人最感兴趣的并最可能从中得到满足的工作是什么。

■兴趣测验通常列出众多兴趣选择项，涉及运动、音乐、艺术、文学、科学、社会服务、计算、书写等领域，对每一领域设计相应题目，根据被试者对各种兴趣项目的“是”或“否”选择，或依据受试者排列出的兴趣序列，可以对其是否适合某一职业或某一种工作做出判断。

■用途：员工的生涯规划；人员选择

心理测试3：能力测试

■测定从事某种特殊工作所具备的某种潜在能力，预测其在某职业领域内成功和适应的可能性，判断适合何种工作

■什么样职业适合某人；为胜任某职位，什么样的人最合适

6. 评价中心测试。

■评价中心测试就是通过情景模拟的方法来对应聘者进行评价。

■评价中心测试方法：

❖无领导小组讨论

❖公文处理

❖管理游戏

❖角色扮演

❖演讲

❖案例分析

二、体验活动

在工作任务引领下，基于操作指南，进行简历申请表、面试组织和评价、评价中心测试、员工入职体检表四项体验活动。

1. 简历申请表

表 3-5 内部人员招聘申请表

安妮宝贝有限公司内部人员招聘申请表

<table>
<tr><td>申请部门</td><td colspan="3"></td><td colspan="3">部门经理(签字)</td><td colspan="2"></td></tr>
<tr><td rowspan="2">申请原因</td><td colspan="2">☐ 员工辞退</td><td>☐ 员工离职</td><td colspan="2">☐ 业务增量</td><td>☐ 新增业务</td><td colspan="2">☐ 新设部门</td></tr>
<tr><td colspan="8">说明：</td></tr>
<tr><td rowspan="4">需求计划</td><td colspan="3">使用时间</td><td colspan="4">职务名称与人数</td><td>上岗时间</td></tr>
<tr><td colspan="3">临时使用(小于 30 天) ☐</td><td rowspan="3">职务</td><td>1</td><td></td><td rowspan="3">人数</td><td></td></tr>
<tr><td colspan="3">短期使用(小于 90 天) ☐</td><td>2</td><td></td><td></td></tr>
<tr><td colspan="3">长期使用(小于 180 天)☐</td><td>3</td><td></td><td></td></tr>
<tr><td rowspan="14">聘用标准</td><td colspan="3">利用现有《工作说明书》</td><td colspan="5">☐ 可以利用 ☐ 不能利用 ☐ 局部更改 ☐ 尚无《工作说明书》需编写</td></tr>
<tr><td rowspan="3">工作内容</td><td>1</td><td colspan="6"></td></tr>
<tr><td>2</td><td colspan="6"></td></tr>
<tr><td>3</td><td colspan="6"></td></tr>
<tr><td rowspan="3">工作经验</td><td>1</td><td colspan="6"></td></tr>
<tr><td>2</td><td colspan="6"></td></tr>
<tr><td>3</td><td colspan="6"></td></tr>
<tr><td rowspan="3">专业知识</td><td>1</td><td colspan="6"></td></tr>
<tr><td>2</td><td colspan="6"></td></tr>
<tr><td>3</td><td colspan="6"></td></tr>
<tr><td>语言表达</td><td colspan="3"></td><td>性格要求</td><td colspan="3"></td></tr>
<tr><td>开拓能力</td><td colspan="3"></td><td>写作能力</td><td colspan="3"></td></tr>
<tr><td>电脑操作</td><td colspan="3"></td><td>外语能力</td><td colspan="3"></td></tr>
<tr><td colspan="8"></td></tr>
<tr><td>其他标准</td><td colspan="8"></td></tr>
<tr><td>薪酬标准</td><td>基本工资</td><td colspan="2"></td><td>其他收入</td><td colspan="2"></td><td>其他津贴</td><td></td></tr>
<tr><td>中心总监批示</td><td colspan="8">签字：
日期：</td></tr>
<tr><td>行政中心批示</td><td colspan="8">签字：
日期：</td></tr>
<tr><td>总经理批示</td><td colspan="8">签字：
日期：</td></tr>
</table>

表 3-6 应聘者报名申报表

安妮宝贝有限公司应聘报名申请表

<table>
<tr><td>姓 名</td><td></td><td>性 别</td><td></td><td>民 族</td><td></td><td rowspan="5">照 片</td></tr>
<tr><td>出生日期</td><td></td><td>出生地</td><td></td><td>户口所在地</td><td></td></tr>
<tr><td>婚姻状况</td><td></td><td>政治面貌</td><td></td><td>健康状况</td><td></td></tr>
<tr><td>最高学历</td><td></td><td>最高学位</td><td></td><td>外语语种</td><td></td></tr>
<tr><td>最高职称</td><td></td><td>工作年限</td><td></td><td>外语水平</td><td></td></tr>
<tr><td>最高职称评定时间</td><td colspan="2"></td><td colspan="2">与所聘岗位相关工作年限</td><td colspan="2"></td></tr>
<tr><td>应聘岗位/职位</td><td colspan="2"></td><td colspan="2">可接受的最低薪金水平</td><td colspan="2"></td></tr>
<tr><td rowspan="2">通讯联络信息</td><td>地 址</td><td colspan="5"></td></tr>
<tr><td>移动电话</td><td></td><td></td><td></td><td colspan="2">邮编：</td></tr>
<tr><td>招聘渠道</td><td colspan="6">□招聘广告(本地报刊、招聘网站、公司网页) □人才招聘会
□校园招聘 □通过猎头公司或人才中介机构招聘；
□内部公开招聘 □员工推荐(须填推荐人姓名)</td></tr>
<tr><td rowspan="6">受高等教育经历</td><td>起止年月</td><td colspan="2">学 校</td><td>所学专业</td><td colspan="2">证明人及电话</td></tr>
<tr><td></td><td colspan="2"></td><td></td><td colspan="2"></td></tr>
<tr><td></td><td colspan="2"></td><td></td><td colspan="2"></td></tr>
<tr><td></td><td colspan="2"></td><td></td><td colspan="2"></td></tr>
<tr><td></td><td colspan="2"></td><td></td><td colspan="2"></td></tr>
<tr><td></td><td colspan="2"></td><td></td><td colspan="2"></td></tr>
<tr><td rowspan="4">工作简历</td><td>起止年月</td><td colspan="2">工作单位及部门</td><td>职务</td><td colspan="2">证明人及电话</td></tr>
<tr><td></td><td colspan="2"></td><td></td><td colspan="2"></td></tr>
<tr><td></td><td colspan="2"></td><td></td><td colspan="2"></td></tr>
<tr><td></td><td colspan="2"></td><td></td><td colspan="2"></td></tr>
<tr><td colspan="7">本人性格特点或能力介绍：</td></tr>
<tr><td colspan="7">对新工作的期望或构想进行描述：</td></tr>
</table>

2.面试组织和评价

表 3-7 面试评价表

应聘人员面试评价表

应聘者姓名		应聘部门		应聘岗位	
评价项目	评分			说明	
仪表风度	□极佳 □甚佳 □还好 □一般 □欠佳				
精力与活力	□极佳 □充沛 □良好 □一般 □欠佳				
专业知识	□充分掌握 □比较了解 □一般了解 □很少了解 □了解甚微				
工作期望	□很大 □较大 □一般 □很小 □没有				
工作经验	□相当丰富 □比较丰富 □一般 □少有经验 □无经验				
选择公司意愿	□相当坚定 □比较坚定 □一般 □稍欠缺 □犹豫不决				
事业进取心	□相当强烈 □比较强 □一般 □差强人意 □不思进取				
表达能力	□相当强 □比较强 □一般 □有点问题 □比较差				
反应能力	□很快 □较快 □一般 □有点迟钝 □木讷				
综合分析	□很全面 □基本全面 □一般 □稍有欠缺 □认识片面				
自我控制能力	□很强 □较强 □一般 □稍弱 □弱				
兴趣特长	□广泛有特长 □泛泛无特长 □狭窄有特长 □狭窄无特长 □根本没有				
综合评语以及录用建议：					
主考官签字：	年 月 日				

3.评价中心测试

(1)角色扮演——销售员处理客户投诉业务

◆情景设计：

应聘者将扮演一名销售人员去拜访一家客户公司并处理这位客户的投诉。

一位面试官扮演客户方代表，其他面试官扮演观察员。

面试官根据事先拟定好的评分标准对候选人的表现进行打分。

◆所需时间：

大约 30 分钟。

◆测量的能力指标：

沟通能力、客户服务、谈判能力、人际敏感性等。

表 3-8 测试能力评价表

序号	评价内容	得分	总分合计
1	沟通应付能力		
2	交际能力，善于应酬		
3	随机应变能力		
4	服务顾客态度		
5	任务完成水平		
6	谈判能力		

备注：每项满分 10 分。特别优秀：10 分，优秀：9—8 分，普通：7—5 分；较差：5—4 分；差：3 分以下

(2)即兴演讲

◆情景设计：

应聘者担任某公司的技术支持工程师，向客户介绍公司产品（或解决方案）等信息并随时回答客户人员的提问：1—2 位面试官扮演客户方代表，其他面试官扮演观察员，面试官根据事先拟定好的评分标准对候选人的表现进行打分。

◆所需时间：

大约 30—40 分钟。

◆测量的能力指标：

演讲技巧、沟通影响、赢得信任、灵活适应等。

表 3-9 测试能力评价表

序号	评价内容	得分	总分合计
1	演讲技巧		
2	沟通能力		
3	赢得信任能力		
4	随机应变能力		

备注：每项满分 10 分。特别优秀：10 分，优秀：9—8 分，普通：7—5 分；较差：5—4 分；差：3 分以下

(3)公文筐测验

应聘者假定应聘为办公室主任岗位，在其办公室桌上堆积着一大堆急件，包括函电、

报告、声明、请示及有关材料等文件，要求被试以管理者的身份，在2～3个小时内对这些急件进行现场处理。

测验过程中给予日历、背景介绍、测验指示和纸笔，被试者在没有别人协助的情况下回复函电，拟写指示，做出决定，以及安排会议，测评师通过对被试处理文件过程中的行为表现和书面答案做出评判。

此项测试主要考察被试的敏感性、工作独立性、组织与规划能力、合作精神、控制能力、分析能力、判断力和决策能力等。

4.员工入职体检

表3-10　员工入职体检表

安妮宝贝有限公司员工入职体检表

姓名		性别		贴照片
出生年月		工种		

主要伤情或病情

病　　史：

检查情况：

指定医院诊断：

（医院盖章）

医生签名：

年　　月　　日

工作任务三　安妮宝贝公司员工录用

从招聘选拔阶段筛选出来的候选人中选择符合组织需要的人，作出最终录用决定。

一、操作指南

1. 员工录用流程：如图 3-5

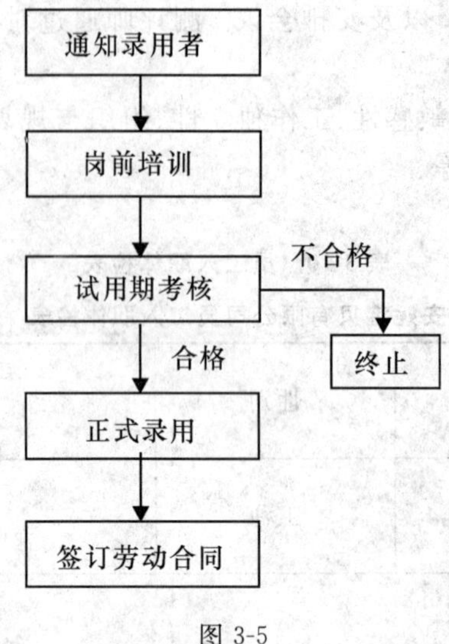

图 3-5

二、体验活动

在工作任务引领下，基于操作指南的基础上，下面进行录用通知书、签订试用期合同、试用期间注意事项、试用期考核、签订正式劳动合同、招聘评估六项体验活动。

1. 录用通知书

表 3-11 安妮宝贝有限公司员工录取通知书

录用通知书

××先生/小姐：

您应聘本公司人力资源总部人事部经理助理职位，经面试考核通过，依本公司任用规定给予录用，现热诚欢迎您加入本公司行列。有关报到事项如下，敬请参照办理。

报到日期：××××年××月××日

报到地点：

报到时需携带资料：

(一)录取通知书；

(二)居民身份证原件；

(三)最高学历证书原件；

(四)资历、资格证书(或上岗证)；

(五)体检合格证明；

(六)非本市户口需携带外出就业证明；

(七)一寸登记相片三张；

按本公司之规定新进员工必须先行试用 3 个月，试用期薪资

以上事项若有任何疑问或困难，请与本公司人力资源部联系

联系电话：

安妮宝贝有限公司

年 月 日

2.签订试用期合同

表 3-12

安妮宝贝有限公司试用合同

甲方：

乙方：　　　　　　（身份证号：　　　　　　　　）

根据国家和本地劳动管理规定及本公司员工聘用办法，按照甲方关于公司新进各类人员均需试用的精神，双方在平等、自愿的基础上，经协商一致同意签订本试用合同。

一、试用合同期限：自　　年　　月　　日至　　年　　月　　日止，有效期为　　个月。

二、试用岗位根据甲方的工作安排，聘请乙方在　工作岗位。

三、试用岗位根据双方事先之约定，甲方聘用乙方的月薪为　　元，该项报酬包括所有补贴。

四、甲方的基本权利与义务：

1. 甲方的权利。

有权要求乙方遵守国家法律和公司各项规章制度；

有权对乙方违法乱纪和违反公司规定的行为进行处罚；

对试用员工不能胜任工作或不符合录用条件，有权提前解除本合同。

2.甲方的义务。

为乙方创造良好的工作环境和条件；

按本合同支付给乙方薪金。

对试用期乙方因工伤亡，由甲方负担赔偿。

五、乙方的基本权利和义务：

1. 乙方的权利。

享有国家法律法规赋予的一切公民权利；

享有当地政府规定的就业保障的权利；

享有公司规章制度规定可以享有的福利待遇的权利；

对试用状况不满意，请求辞职的权利。

2. 乙方的义务。

遵守国家法律法规、当地政府规定的公民义务；

遵守公司各项规章制度、员工手册、行为规范的义务；

维护公司的声誉、利益的义务。

六、甲方的其他权利、义务：

试用期满，经考核乙方不符合录用条件，甲方有权不再签订正式劳动合同；

对员工有突出表现，甲方可提前结束试用，与乙方签订正式劳动合同；

试用期乙方的医疗费用由甲方承担 90%，乙方承担 10%；

试用期甲方一般不为乙方办理各项保险手续，如乙方被正式录用，可补办有关险种，从试用期起算；

试用期，乙方请长病假 10 天、事假超过 7 天者，试用合同自行解除。

七、乙方的其他权利、义务：

试用期满，有权决定是否签订正式劳动合同；

乙方有突出表现，可以要求甲方奖励；

具有参与公司民主管理、提出合理化建议的权利；

反对和投诉对乙方试用身份不公平的歧视。

八、一般情况下，试用期间乙方岗位不得变更。若需变更，须事先征求乙方的同意。

九、本合同如有未尽事宜，双方本着友好协商原则处理。

十、本合同一式两份，甲、乙双方各执一份，具同等效力，经甲乙双方签章生效。

甲方：　　　　　　　　　　　　乙方：

法定代表人：　　　　　　　　　签字：

年　　月　　日

3. 试用期间注意事项

表 3-13

安妮宝贝有限公司试用期间注意事项

工作安排

1. 新员工面试报到后由人事部派专人带至用人部门；

2. 部门负责人应指定专人为新员工交接、指导工作，使其能尽快适应工作；

3. 部门负责人应主动和新员工就工作、生活方面情况进行沟通，了解员工思想动态，及时解决存在的问题。每月不少于 2 次谈话，并做好记录。

工资、考评、转正

1. 试用期员工工资标准为：中专（含）以下 700 元/月，大专（含）以上 800 元/每月，特殊约定除外；

2. 新员工试用期原则上为三个月，特殊约定除外；

3. 第一月、第二月由员工写出本月工作总结，填写《员工试用期考核表》，部门负责人根据实际情况作出综合鉴定，考核为合格者继续试用，考核为不合格者予以辞退或适当延长试用期。考核情况报人资部备案；

4. 第三个月由员工写出三个月工作总结、用《管理人员转正考核表》自评分、填写考核内容，部门负责人根据员工三个月来的综合表现作出评分和综合鉴定。新员工考核合格（85 分）后方可转正，考核不合格则予以辞退或适当延长试用期。考核情况报人资部备案；

5. 试用期间员工可解除试用合同，但应提前五日告知人事部和本部门主管并做好工作交接，否则扣发当月工资；

6. 员工试用不合格应予以辞退的，员工也应积极配合移交好工作，否则扣发当月工资。被辞退的员工做好交接工作，完成了相关手续，其工资结算至离岗日，另外再加发五个工作日的工资。

休假

1. 试用期内的员工首月的考勤计算以实际出勤天数为准，该月不达满勤不享受其他公假待遇，但累计事假不能超过三天，如遇特殊情况超过三天需报公司领导批准；

2. 持相关证明请病假，请假程序和天数与正式员工一致。

3. 请丧假，请假程序和天数与正式员工一致。

员工试用期间必须认真接受公司人事管理部门安排的一切培训。

安妮宝贝有限公司

年　　月　　日

4. 试用期考核

表 3-14 安妮宝贝有限公司试用期满考核鉴定表

<table>
<tr><td>姓名</td><td></td><td>性别</td><td></td><td>民 族</td><td></td><td>出生年月</td><td></td></tr>
<tr><td>政治面貌</td><td></td><td>职称</td><td colspan="2"></td><td>试任职前职务</td><td colspan="2"></td></tr>
<tr><td>试任职务</td><td colspan="2"></td><td>试任时间</td><td colspan="4"></td></tr>
<tr><td>个人总结</td><td colspan="7"></td></tr>
<tr><td>单位意见</td><td colspan="7">（盖章）
年 月 日</td></tr>
<tr><td>考核小组意见</td><td colspan="7">签 名：
年 月 日</td></tr>
<tr><td>备注</td><td colspan="7"></td></tr>
</table>

5. 签订正式劳动合同

表 3-15

安妮宝贝有限公司聘用合同书

立聘用合同人：

(以下简称甲、乙方)并因聘雇事经双方同意签定条款如下：

一、甲方聘雇乙方担任　　　　职务起，工资(包括工资及各项津贴)________元，考核、升迁、调职、奖金、休假、医疗、抚恤、资遣、退休等，均按甲方所规定的有关规定及政府有关法令办理。

二、聘用时间、试用时间自　　年　　月　　日起至　　年　　月　　日止(聘用时间以一年为原则，试用时间按约定办理)，初签时签至届满一年止，但期限届满前三日，甲乙双方均未终止此项合同书面通知时，即视为延长本合同有效期间一年，无须办理续约手续，以后期满类推，除另有规定外，如甲乙双方其中任何一方不再行续约时，则须于期满前三日以书面形式通知对方终止。试用期双方同意正式聘用则先签一年，如甲方认为乙方不合要求不必试用期满则按日发给试用期间待遇(按约定数额计算)。如乙方无故终止试用，甲方不付任何费用。

三、乙方参加甲方公司工作，要遵守甲方一切规定，善尽职责，努力从公，如有违背，服从公司章则处理，如情节重大被甲方解聘亦无异议。乙方参加甲方工作后，应遵守公司最高指导方针“诚实信用，负责和蔼”的精神处事待人，团结合作。

四、乙方对职务上须知的公司产销(包括技术)及财务上机密尽维护保守之责，如有遗漏，愿负法律之责任。

五、乙方对甲方的设备、用品及公物应确尽维护爱惜之责，如有破坏，视情节轻重，予以赔偿或修复的，并作为人事考核资料，为以后职务调勤及工资调整的重要参考。

六、乙方一经甲方任用签约后，应按约定工作，不得中途毁约，但如因服务成绩不佳、品德不良，甲方可随时解聘(雇)，甲方不负任何责任。

七、乙方如被解聘(雇)或自动请求离职的，一经核准，应即将经手文件、经营财物及业务一一交待清楚，如有遗失或拒交时，即确保赔偿并负法律上责任。

甲方：

签约代表人：

乙方：　　　　　　　　　　　　盖章

住址：

户籍：

身份证号：

年　　月　　日

6. 招聘统计与评估

××年度安妮宝贝公司招聘统计与评估

表 3-16　招聘职位及完成情况

需求部门	招聘职位	招聘需求	录用意向	实际录用	未录用原因	招聘完成情况	持续转入下一季度	招聘暂停	暂停原因

表 3-17　各招聘渠道效果统计

招聘渠道		简历统计				
		应聘简历数	初选合格简历（人事部）	应聘合格率	可初试简历（需求部门）	有效简历率
网络						
A	51job					
B						
小计						
招聘会						
A	校园招聘会					
B	社会招聘会					
小计						
内部推荐						
人才库						
各类中介						
其他渠道						
合计						

表 3-18　各招聘职位甄选统计

部门	招聘职位	初试次数	初试人数	复试次数	复试人数	录用人数	初试录用比

录用人员渠道分析

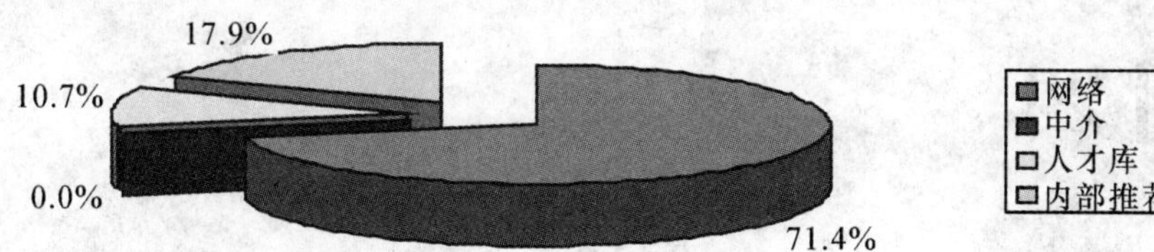

图 3-6　录用渠道分析

表 3-19　招聘成本统计

	分类	费用科目	内容	费用	录用人数
招聘成本	直接成本	招聘广告费	51job		
			温州人才		
			小计		
		报刊广告	报纸(温州)		
		员工推荐人才奖金			
		人才库			
		其他渠道			
		合计			
	内部成本	内部人员成本	人工成本		
			甄选成本		
			小计		
		各类招聘杂项	电话/传真/网络费		
			招聘资料复印费		
			小计		
		合计			
	总额				
	平均录用成本				

招聘的内部成本远高于直接成本，故后期需要加强简历初选技巧和初始把关能力，提高各轮面试的有效率，降低内部甄选成本。

表 3-20　招聘有效性评估

录用总数	到岗人数	即将入职人数	入职待定人数	离职人数	留存

项目四

员工培训与开发

业务导入

员工培训与开发是人力资源管理的重要组成部分。随着公司业务的发展和需要，公司要不断提高员工的能力、知识水平等，以更好地适应岗位工作和企业发展的要求。

培训是为了提高员工的理论素养、知识水平和业务操作技能，或改变员工的价值观、工作态度和工作行为，使他们在现在或者未来的工作岗位上更加胜任而进行各种形式的教育和训练活动，主要集中在现在的工作，侧重于提高员工当前的工作绩效。

开发是指为了员工未来发展或为员工准备将来工作而对员工开展教育、工作实践等以提高员工的综合素质和各种潜能的正规教育，在职体验，人际互助以及个性和能力测评等各种有益的活动。

工作任务一　安妮宝贝有限公司员工培训

安妮宝贝有限公司通过对新进入公司的员工进行岗前培训，以及对在岗员工进行岗位在职的培训，使得员工更加适应岗位工作和企业发展需求。

员工培训与开发体系如图 4-1 所示：

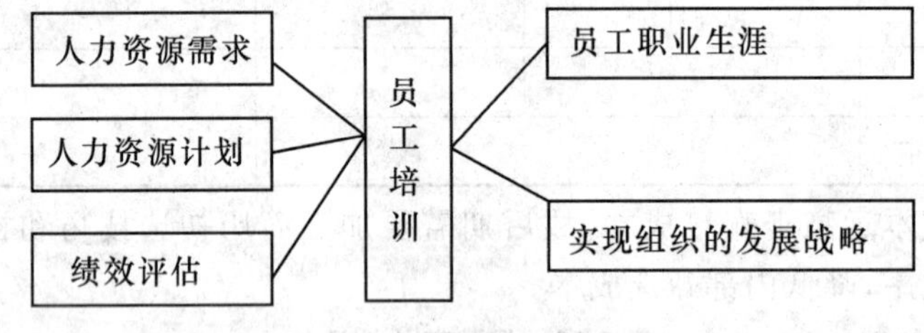

图 4-1　员工培训与开发体系

一、操作指南

1. 员工培训与开发流程，如图 4-2 所示。

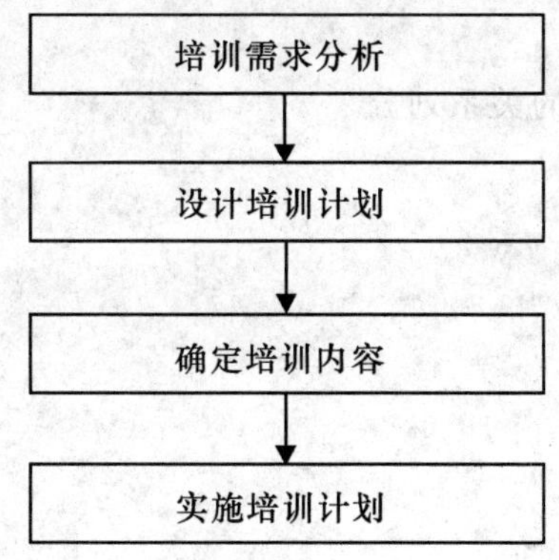

图 4-2　员工培训流程

2.员工培训需求分析

员工培训需求分析如图 4-3 所示。

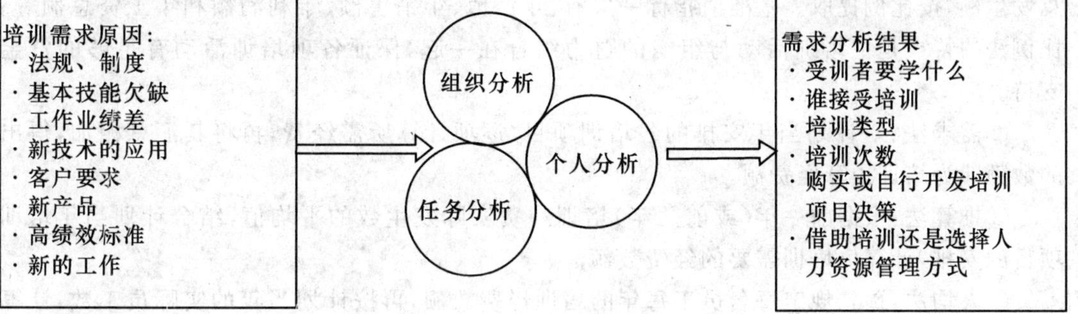

图 4-3　培训需求分析过程

(1)组织分析

①从战略发展高度预测企业未来在技术、销售市场及组织结构上可能发生什么变化，对人力资源的数量和质量的需求状况的分析，确定适应企业发展需要的员工能力。

②分析管理者和员工对培训活动的支持态度。

③对企业的培训费用、培训时间及培训相关的专业知识等培训资源的分析。

(2)任务分析

任务分析包括任务确定及对需要在培训中加以强调的知识、技能和行为进行的分析。

(3)人员分析

①分析个体特征，即分析员工是否具有完成工作所应具备的知识、技术、能力和态度。

②分析员工的工作输入，即分析员工是否得到一些指导。

③分析员工工作输出，即分析员工是否了解工作的目标。分析员工工作结果。

④分析员工工作反馈，即分析员工是否能得到执行工作中的有关信息。

3.员工培训类型

(1)按对象和重点划分

①新员工导向培训；

②员工岗前培训；

③员工岗上培训；

④管理人员开发；

⑤员工职业生涯开发。

(2)按培训和开发与工作的关系划分

①不脱产培训；

②脱产培训；

③半脱产培训。

(3)按培训内容划分

①知识培训；

②技能培训；

③态度培训。

4.培训经费预算

(1)培训经费预算的方法

①比例法:比例法是预先规定培训经费占某基准值的一定比例,然后根据该基准值的总发生额,按比例提取。基准值指标一般有:年产值、年销售额、年利润额和年工资总额等。比例法的特点是把培训活动与组织的财力结合在一起,保证各项培训活动有足够的资金支持。

②需求法:对计划当年安排的各培训项目,逐项计算所需经费,再将其汇总相加,得出的数额即为培训预算经费额。

③推算法:根据前一年(或前几年)培训经费实际发生数的平均值,结合计划当年培训项目的安排,计算出培训需要的经费数额。

④人均法:预先规定每名员工每年的培训经费数额,再按计划当年的实际员工数,计算出培训经费额。

(2)企业培训的总预算及其使用

①企业培训的总预算:各企业培训的总预算多少不一,这是正常的,但应该有一个适当的比例。国际大公司的培训总预算一般占上一年总销售额的1%—3%,最高的达7%,平均达1.5%。而我国的许多企业都低于0.5%,甚至不少企业在0.1%以下。

②企业培训总预算的使用:主要用于企业内部培训、派遣员工参加外部培训,机动培训费用。

5.培训的实施

(1)选择和准备培训场所;

(2)课程描述;

(3)课程计划;

(4)选择培训教师;

(5)选择培训教材;

(6)确定培训时间。

员工培训系统模型,如图4-4所示:

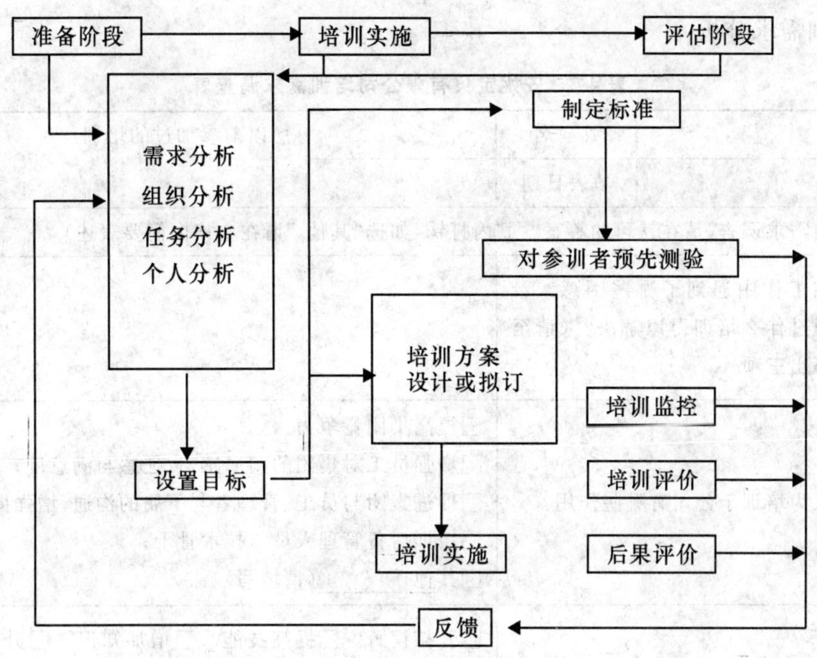

图 4-4 员工培训系统模型

6. 培训效果测定

美国著名学者 D. L. 柯克帕特里克教授(D. L. Kirkpatrick)提出的四层次框架体系就是其中一种(见表 4-1)。

表 4-1 柯克帕特里克的四层次评价标准框架

层次	标准	重点
1	反应	受训者满意程度
2	学习	知识、技能态度、行为方式方面的收获
3	行为	工作中行为的改进
4	结果	受训者获得的经营业绩

二、体验活动

在工作任务引领下,基于操作指南,进行公司员工培训需求分析表、培训方案设计、相关规范文档表格制订三项体验活动。

1.培训需求分析

表4-2 安妮宝贝有限公司培训需求调查表

<table>
<tr><td>部门</td><td></td><td>姓 名</td><td></td><td rowspan="2">您以前参加过的培训：</td></tr>
<tr><td>岗位</td><td></td><td>填表日期</td><td></td></tr>
<tr><td colspan="5">培训现状与需求调查(请在认可的答案“□”内打钩,如选“其他 ”请在空格内简要表述)</td></tr>
<tr><td>1</td><td colspan="2">您在工作中遇到了哪些困惑？希望通过什么培训得以解决？(请至少写出三项)</td><td colspan="2"></td></tr>
<tr><td>2</td><td colspan="2">您认为培训于公司有哪些作用？</td><td colspan="2">□提高集团竞争力
□增强员工对集团的归属感、责任感与满意度；
□促进集团与员工、管理者与下属的沟通,增强向心力；
□培训后备管理人员与技术骨干；
□其他________(请填写)</td></tr>
<tr><td>3</td><td colspan="2">您认为培训对自己有什么用？</td><td colspan="2">□开拓视野 □提高技能 □增加知识 □升职、加薪 □增加了和其他同事的沟通机会 □其他__________(请填写)</td></tr>
<tr><td>4</td><td colspan="2">您喜欢哪些培训方式？</td><td colspan="2">□公司领导授课 □自学教材 □座谈交流 □参加公开课 □内训 □技术竞赛 □其他__________(请填写)</td></tr>
<tr><td>5</td><td colspan="2">目前影响培训开展的因素是什么？</td><td colspan="2">□工作太忙,没时间培训； □这些课程对我的工作没用,浪费我的时间； □培训老师讲的都是理论,在实际工作中我用不上； □上级不重视培训； □下属们认为培训没用； □培训老师授课水平一般； □其他________(请填写)</td></tr>
<tr><td>6</td><td colspan="2">您希望培训时间段怎样安排？</td><td colspan="2">□周一至周五上午 □周一至周五下午 □周一至周五晚上 □周六上午 □周六下午 □周日 □其他________(请填写)</td></tr>
<tr><td>7</td><td colspan="2">您希望每次培训时间是多少？</td><td colspan="2">□60分钟 □120分钟 □半天 □一天 □只要有用,尽量挤出时间参加</td></tr>
<tr><td>8</td><td colspan="4">您想培训哪些内容？
□公司发展战略 □企业文化 □规章制度学习
□业务技能 □管理技巧 □专业技术
□质量管理 □时间管理 □其他</td></tr>
<tr><td>9</td><td colspan="2">您的(培训)意见及建议(可附页)：</td><td colspan="2"></td></tr>
</table>

表 4-3 安妮宝贝有限公司培训需求分析

培训内容	希望培训	培训方式			培训方式		
		公司领导授课	参加公开课	内训	自学教材	学习教材	座谈交流
公司发展战略	95%	87%	60%	22%	18%	5%	8%
企业文化	90%	75%	76%	24%	0	15%	10%
规章制度学习	87%	28%	50%	40%	10%	56%	16%
业务技能	75%	47%	63%	28%	18%	8%	12%
管理技巧	14%	35%	43%	36%	8%	14%	16%
质量管理	11%	26%	23%	29%	12%	20%	24%

2.培训方案设计

(1)管理人员培训计划

表 4-4 以管理人员培训为例的员工培训计划

培训目的	社会在快速发展,新的管理知识、管理方式层出不穷,为了让员工掌握这些新的知识以提高劳动生产率和服务质量,对于在岗管理人员进行不定期的培训显得尤为重要。借此可以强化管理人员的团队精神以及相互间的依赖关系,并且可以实现在组织内部的交往规范的教育
培训内容	(1)管理服务目标、业主需求变化、安全管理、物业管理动态。 (2)投诉回访处理经验总结。
培训时间、地点	11 月 25 日—12 月 25 日　上海和温州
培训方式	(1)利用内部师资力量组织培训或邀请有关专家实施培训。 (2)根据工作需要将管理骨干人员送相关职能机构进行全脱产或半脱产的培训。 (3)根据工作需要,由本公司统一安排,定期组织骨干人员到其他先进的物业管理公司参观学习,开拓视野,拓展思维。 (4)组织管理人员就工作中的难点、焦点、典型案例进行剖析,让员工掌握好管理服务的原则性和灵活性。
培训经费	18000 元

(2)各级员工培训计划

表 4-5 各级员工培训内容

序号	高级管理人员	中层管理人员	普通员工	新员工
1	企业经营环境、战略等研究	非人力资源经理的人力资源管理	企业文化培训	公司发展史(1 天)
2	上市公司法律法规学习	职业经理技能提升	员工职业化训练:时间管理、沟通技巧、商务礼仪、职业生涯规划	企业文化和经营理念(1 天)
3	创新、战略管理及领导力提升	行业前沿信息	职位说明书、任职标准学习	公司战略规划和规章制度(2)
4	读书活动、热点案例讨论	读书活动《寓言中的经济学》	读书活动《与公司共命运》	拓展训练(2 天)
5	考察、学习	对直接下属的辅导	自主学习	入职训练(1 天)

3. 相关规范文档表格

表 4-6 员工培训计划表 编号

<table>
<tr><td rowspan="3">人员</td><td>姓名</td><td colspan="2"></td><td>培训期间</td><td>月 日至 月 日止</td><td rowspan="3">辅导员</td><td>姓名</td><td></td></tr>
<tr><td>学历</td><td colspan="2"></td><td></td><td></td><td>部门</td><td></td></tr>
<tr><td>专长</td><td colspan="2"></td><td></td><td></td><td>职称</td><td></td></tr>
<tr><td></td><td>培训期间</td><td>培训日数</td><td>培训项目</td><td>培训部门</td><td>培训员</td><td colspan="3">培训日程及内容</td></tr>
<tr><td>1</td><td>月 日至
月 日止</td><td>天</td><td></td><td></td><td>职称:姓名:</td><td colspan="3"></td></tr>
<tr><td>2</td><td>月 日至
月 日止</td><td>天</td><td></td><td></td><td>职称:姓名:</td><td colspan="3"></td></tr>
<tr><td>3</td><td>月 日至
月 日止</td><td>天</td><td></td><td></td><td>职称:姓名:</td><td colspan="3"></td></tr>
<tr><td>4</td><td>月 日至
月 日止</td><td>天</td><td></td><td></td><td>职称:姓名:</td><td colspan="3"></td></tr>
<tr><td>5</td><td>月 日至
月 日止</td><td>天</td><td></td><td></td><td>职称:姓名:</td><td colspan="3"></td></tr>
<tr><td>6</td><td>月 日至
月 日止</td><td>天</td><td></td><td></td><td>职称:姓名:</td><td colspan="3"></td></tr>
</table>

经理 审核 拟定 日期

表 4-7　新员工职前培训安排

序号	培训项目	培训日期	时间	培训人
1	欢迎新进员工,致欢迎词			
2	培训计划简介			
3	工作环境简介			
4	公司简介 1. 基本概况 2. 公司历史、精神、经营理念和未来发展 3. 公司组织结构说明			
5	介绍公司同仁 1. 各级主管 2. 员工自我介绍			
6	人事规章与福利说明 1. 作息及签到规则 2. 休息和用餐规则 3. 服务礼仪和接待规定 4. 办公自动化使用规定 5. 休假和加班规定 6. 奖罚规章			
7	员工手册说明			
8	财务制度说明 1. 差旅出差规程 2. 主要财务政策			
9	部门本职位工作内容介绍			
10	消防安全知识普及			
11	紧急事故及灾害处理方法			
12	其他			

表 4-8 公司新员工的职前教育日程表

月份	教育步骤	内 容
10 月～12 月	第 1 阶段 提高对公司的关心、培养归属意识	□附送公司简介 □附送业绩报告书
		□附送商品目录
		□内定庆祝会
		□参观会
		□内定者和辅导者的恳谈会
		□内定者和管理者的恳谈会
1 月～3 月	第 2 阶段 培养社会人的心理准备、营业员应有的基本礼仪	□附送职员教育的教材
		□与内定者父母的恳谈会
		□回答内定者内心不安的集会
		□集训
		□讲习会派遣
		□提出报告
4 月	第 3 阶段 基础研修	□入社典礼 □研修
5 月	第 4 阶段 现场研修	□研修

备注

表 4-9 公司新进职员研修报告

研修报告		研修日 年 月 日～ 月 日
单位姓名		研修指导者 记录日 年 月 日
研修内容	研修内容汇总	感想
实习内容	实习内容汇总	感想
研修意见	研修中快乐之处	提案
	研修中痛若之处	指导者的建议
上司	科处意见	部长意见

表 4-10　新员工培训成绩考评表

填表日期：　　年　　月　　日　　　　　　　　　　　　　　　　　　　　编号

姓名		专长		学历	
培训期间		培训项目		培训部门	

一、新进人员对所施予培训工作项目了解程度如何？

二、对新进人员专门知识(包括技术、语文)评核。

三、新进人员对各项规章、制度了解情况。

四、新进人员提出改善意见评核，以实例说明。

五、分析新进人员工作专长，判断其适合工作为何，列举理由说明。

六、辅导人员评语

考核者

4. 员工岗上培训

表 4-11 公司员工培训计划表

培训编号： 培训部门：

培训名称		培训时间	

培训课程时数及负责人

课程	培训时间	负责人	起讫时间	课程	培训时间	负责人	起讫时间

参加人员：共 人；名单如下：

单位	职务	姓名	单位	职务	姓名	单位	职务	姓名	单位	职务	姓名

费用预算：每人分摊费用

批准 审核 拟订

表 4-12　公司员工培训报告书

年　　月　　日

<table>
<tr><td colspan="2">培训名称及编号</td><td></td><td>参加人员姓名</td><td></td></tr>
<tr><td colspan="2">培训时间</td><td></td><td>培训地点</td><td></td></tr>
<tr><td colspan="2">培训方式</td><td></td><td>使用资料</td><td></td></tr>
<tr><td colspan="2">导师姓名及简介</td><td></td><td>主办单位</td><td></td></tr>
<tr><td rowspan="5">培训后
的检讨</td><td rowspan="4">培训人员
意见</td><td colspan="3">受训心得(值得应用于本公司的建议)</td></tr>
<tr><td colspan="3"></td></tr>
<tr><td colspan="3">对下次派员参加本训练课程的建议事项</td></tr>
<tr><td colspan="3"></td></tr>
<tr><td>主办单位
意见</td><td colspan="3"></td></tr>
</table>

表 4-13　公司在职训练学员意见调查表

公司在职训练学员意见调查表

训练课程名称：____________________

主　办　部　门：____________________

说明：

1. 本表请受训学员详实填写，并请于结训时交予主办部门。

2. 请将选答项目号码勾在括弧栏内。

3. 请你给予率直的反应及批评，这样可以帮助我们对训练计划将来有所改进。

(1)课程内容如何？

1.□优　2.□好　3.□尚可　4. 劣

(2) 教学方法如何？

1.□优　2.□好　3.□尚可　4. 劣

(3)讲习时间是否适当？

1.□太长　2.□适合　3.□不足

(4)参加此次讲习感到有哪些受益？

1.□获得适用的新知识。

2.□可以用在工作上的一些有效的研究技巧及技术。

3.□将帮助我改变我的工作态度。

4.□帮助我印证了某些观念。

5.□给我一个很好的机会，客观地观察我自己以及我的工作。

(5)训练设备安排感到如何？

1.□优　2.□好　3.□尚可　4. 劣

(6)将来如有类似的训练，你还愿意参加吗？

1.□是　2.□否　3.□不确定

(7)其他建议事项：

表 4-14　公司团体训练申请表

<table>
<tr><td>训练名称</td><td colspan="5"></td><td>时间</td><td>起讫共(小时)</td></tr>
<tr><td colspan="3">讲师、训练执行人</td><td colspan="3"></td><td>训练地点</td><td></td></tr>
<tr><td colspan="3">受训部门</td><td colspan="3"></td><td>训练方式</td><td></td></tr>
<tr><td colspan="7">训练的内容及课程概述:</td><td>预定参加者:</td></tr>
<tr><td colspan="8">训练前受训者停留的水平</td></tr>
<tr><td colspan="8">训练的目标</td></tr>
<tr><td colspan="8">训练所需经费预估:</td></tr>
<tr><td rowspan="3">审核</td><td>姓名</td><td>日期</td><td>姓名</td><td>日期</td><td>姓名</td><td colspan="2">日期</td></tr>
<tr><td></td><td></td><td></td><td></td><td></td><td colspan="2"></td></tr>
<tr><td></td><td></td><td></td><td></td><td></td><td colspan="2"></td></tr>
</table>

表 4-15　在职训练费用申请表

<table>
<tr><td rowspan="2">单位</td><td rowspan="2">姓名</td><td rowspan="2">人员代号</td><td>讲授科目</td><td>时数</td><td>钟点数</td><td rowspan="2">总计</td><td rowspan="2">盖(签)章</td></tr>
<tr><td>教材名称</td><td>字数(千字)</td><td>教材费</td></tr>
<tr><td></td><td></td><td></td><td></td><td></td><td></td><td></td><td></td></tr>
<tr><td></td><td></td><td></td><td></td><td></td><td></td><td></td><td></td></tr>
<tr><td></td><td></td><td></td><td></td><td></td><td></td><td></td><td></td></tr>
<tr><td></td><td></td><td></td><td></td><td></td><td></td><td></td><td></td></tr>
<tr><td></td><td></td><td></td><td></td><td></td><td></td><td></td><td></td></tr>
<tr><td></td><td></td><td></td><td></td><td></td><td></td><td></td><td></td></tr>
<tr><td></td><td></td><td></td><td></td><td></td><td></td><td></td><td></td></tr>
<tr><td></td><td></td><td></td><td></td><td></td><td></td><td></td><td></td></tr>
<tr><td></td><td></td><td></td><td></td><td></td><td></td><td></td><td></td></tr>
<tr><td>会计部</td><td></td><td>培训中心</td><td colspan="2"></td><td>单位</td><td colspan="2"></td></tr>
</table>

表 4-16 公司在职训练实施结果表

部门	项目	班次	人数	时间	费用	备注
	预定					
	实际					
	预定					
	实际					
	预定					
	实际					
	预定					
	实际					
	预定					
	实际					
	预定					
	实际					

单位： 教育训练部： 会计部：

表 4-17 在职训练结训报表

<table>
<tr><td colspan="2">课程名称</td><td colspan="2"></td><td>课程编号</td><td></td></tr>
<tr><td colspan="2">项 目</td><td>举办日期</td><td colspan="2">训练时数</td><td>参加人数</td></tr>
<tr><td colspan="2">计划</td><td></td><td colspan="2"></td><td></td></tr>
<tr><td colspan="2">实际</td><td></td><td colspan="2"></td><td></td></tr>
<tr><td rowspan="5">训练费用</td><td>项目</td><td>预算金额</td><td colspan="2">实际金额</td><td>异常说明</td></tr>
<tr><td>讲师费</td><td></td><td colspan="2"></td><td></td></tr>
<tr><td>教材费</td><td></td><td colspan="2"></td><td></td></tr>
<tr><td>其他</td><td></td><td colspan="2"></td><td></td></tr>
<tr><td>合计</td><td></td><td colspan="2"></td><td></td></tr>
<tr><td rowspan="3">训练检讨及呈核</td><td>学员意见</td><td colspan="4"></td></tr>
<tr><td>讲师意见</td><td colspan="4"></td></tr>
<tr><td>会计部</td><td colspan="2"></td><td>教育训练部</td><td></td></tr>
</table>

经办

表 4-18 研修报告

<table>
<tr><td colspan="4">年　月　日　研修报告　科　姓名　签章　本次研修[　]一事，作成以下报告。</td></tr>
<tr><td>研修会名</td><td colspan="3"></td></tr>
<tr><td>主办</td><td colspan="3"></td></tr>
<tr><td>日期</td><td></td><td>对象</td><td></td></tr>
<tr><td>地点</td><td></td><td>出席人数</td><td></td></tr>
<tr><td>讲师</td><td colspan="3"></td></tr>
<tr><td colspan="4">研修内容</td></tr>
<tr><td colspan="2">感想</td><td colspan="2">参加费用</td></tr>
</table>

工作任务二　安妮宝贝有限公司员工培训开发的形式和方法选择

员工培训开发的效果很大程度上取决于培训形式和方法。采用合适的培训方法，可以获得最佳培训效果。

安妮宝贝有限公司为了更好地挖掘潜能，公司人力资源部对在职员工进行了充分调研，根据要求，对不同层次员工采取不同方式进行有针对性的培训开发。

一、操作指南

1. 授课
2. 轮渡作业
3. 研修班
4. 案例研究
5. 角色模拟
6. 培训游戏
7. 正规教育
8. 人员测评
9. 实践体验
10. 人际互动

二、体验活动

在工作任务引领下，基于操作指南，进行案例研究法、培训游戏、团队建设、全体离地、解手链、信任进步行六项体验活动。

1. 案例研究

案例研究法是将实际发生过或正在发生的客观存在的真实情景，用一定视听媒介，如文字、录音、录像等所描述出来，让受训者进行分析思考，学会诊断和解决问题以及决策。它特别适合于开发高级智力技能，如分析、综合及评价能力。

案例分析在以下的情况中最为合适：

(1)在分析能力、解决问题能力和关键思考技能尤为重要的情况下；

(2)知识、技能和能力非常复杂，学员需要时间来掌握它们的情况下；

(3)需要积极参与的情况下；

(4)学习的过程(提问、解释等)与内容同等重要的情况下；

(5)团队解决问题和交流可能的情况下。

2. 培训游戏

(1)破冰游戏

踩 轮 胎

形式：10 人一组为最佳
类型：破冰类或合作类的小游戏
时间：5 分钟
材料及场地：一只汽车备用轮胎，空地
适用对象：所有学员

活动目的

增加一些团队合作的气氛，也可以用来调节学员们课堂上课时间长引起的疲劳状态，也可以作为团队合作活动，用以加强团队意识，可以在此时喊喊口号。

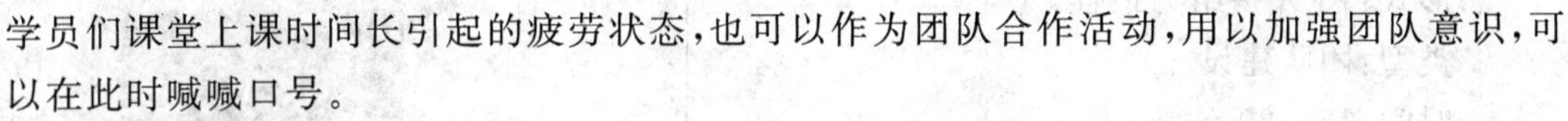

操作程序

①培训师把一只备用轮胎放在空地上，而后让团队的全体成员一起站上去并至少能够停留 5 秒。

②在学员做的过程中，培训师要留意他们的安全问题。

有关讨论

● 好的主意是怎样产生的？你认为大伙在达成共识上是否容易，有没有冲突及争议出现，对于这些争议团队是怎样处理的？

寻宝游戏

形式:5 人一组为最佳
类型:破冰类及团队合作精神
时间:10 分钟
材料及场地:寻宝游戏工作表及教室
适用对象:一线管理人员的培训课程

在经过一段时间的讲课后,培训师可以利用这类破冰游戏来改善课堂气氛,也可以借此游戏让学员体会一下团队合作效果。

操作程序

①培训师让班里的全体同学自由组织或组成几个五人小组,每组选出一位代表作为组长。

②培训师把寻宝游戏工作表分给各组的组长,让他们在五分钟之内收集齐表中的所有物品,并展示在全班学员面前。

③培训师检查最快完成的小组是否收集到了所有的物品,而后给他们一些奖赏。

有关讨论

- 回顾一下活动的过程,是否小组的全体成员都有参与?
- 做事之前是否有一个计划,哪怕是这样的简单活动?
- 大家是否能体会到以投资时间来争取时间的道理?

(2)团队建设

蜘　蛛　网

形式:13 人一组为最佳
类型:团队建设
时间:15—20 分钟
材料及场地:蜘蛛网一张及说明书一份,要在空旷的场地上完成
适用对象:所有学员

活动目的

让学员们体会计划的重要性及团队合作精神。

操作程序

①培训师先找一位领导及一位观察员,而后单独向领导交待任务并给他一份说明书:

- 全体人员必须从网的一边全部过到网的另一边
- 在整个过程中,都不得触网
- 每个洞只能被过一次

②由领导回到小组中传达培训师的指令。

③培训师及观察员开始观察小组在听领导分配任务时的反应,以及他们的计划能力。

④观察员记录小组在执行任务的过程中都有些什么问题,包括计划方面、沟通方面。

有关讨论

- 你对计划的重要性都有什么认识，你认为这次活动的计划做得怎样？
- 该游戏最难的地方是哪里，下次你会怎样改进？
- 活动过程中，你感觉团队的合作精神怎样，是否有信任感？

全体离地

形式：12 人一组为最佳 类型：团队建设 时间：30 分钟 材料及场地：9 条粗竹子，9 条小白绳 适用对象：所有学员

活动目的

让学员体会自己的团队在接到任务后，如何进行计划，分派工作，沟通及合作，以最快的方法来完成。

操作程序

培训师发给每组 9 条粗竹子和 9 条小白绳。

该小组必须在 20 分钟内建起一个架构，核架构可以使全体组员同时离地 3 分钟。

有关讨论

- 你们的小组是怎样开始行动的，有没有进行脑力风暴来收集最好的建议？
- 是否每位组员都参与了整个过程，并对所需要执行的任务很清楚？
- 在配合过程中都出现了什么现象，你认为应该怎样进行改进？

(3)沟通协作游戏

解　手　链

形式：10 人一组为最佳 时间：20 分钟 材料：无 适用对象：全体人员

活动目的

让学员体会在解决团队问题方面都有什么步骤，聆听在沟通中的重要性，以及团队的合作精神。

操作程序

①培训师让每组成员站成一个向心圈。

②培训师说：先举起你的右手，握住对面那个人的手；再举起你的左手，握住另外一个人的手；现在你们面对一个错综复杂的问题，在不松手的情况下，想办法把这张乱网解开。

③告诉大家一定可以解开，但答案会有两种：一种是一个大圈，另外一种是两个套着的环。

④如果过程中实在解不开，培训师可允许学员决定相邻两只手断开一次，但再次进行时必须马上封闭。

有关讨论

- 你在开始的感觉怎样,是否思路很混乱?
- 当解开了一点以后,你的想法是否发生了变化?

信任进步行

形式:2 人一组为最佳 类型:建立信任 时间:10 分钟 材料及场地:眼罩每人两个,课室及通道 适用对象:全体参加团队建设的学员

活动目的

团队业绩的体现,离不开队员之间的信任度,但往往学员们很难理解信任是如何建立的。这个小游戏就是为了让学员们体会在某一环境下自己怎样建立起对伙伴的信任。

操作程序

让学员们两人组成一对,给每对发一个眼罩,而后让其中一位学员戴上眼罩在另一位学员的言语指导下从课室出门在外面行走一圈回来,而后互换角色进行体验。

有关讨论

- 当你什么都看不见,有什么感觉?
- 当了解对方感受后,你会怎样进行带领?

项目五

员工绩效考评

业务导入

安妮宝贝有限公司管理者与员工之间在确定目标与如何实现目标之间所达成的共识，增强员工成功达到目标的能力，促进员工取得优秀绩效，对公司实施全员、全过程绩效考评。

工作任务一　安妮宝贝有限公司绩效考评的制定

公司人力资源部制定各部门、员工的考评制度。依据公司的总方针、总目标，制定绩效考评指标，形成考评体系，最后对考评结果进行反馈评估。

公司绩效管理流程体系，如图 5-1 所示：

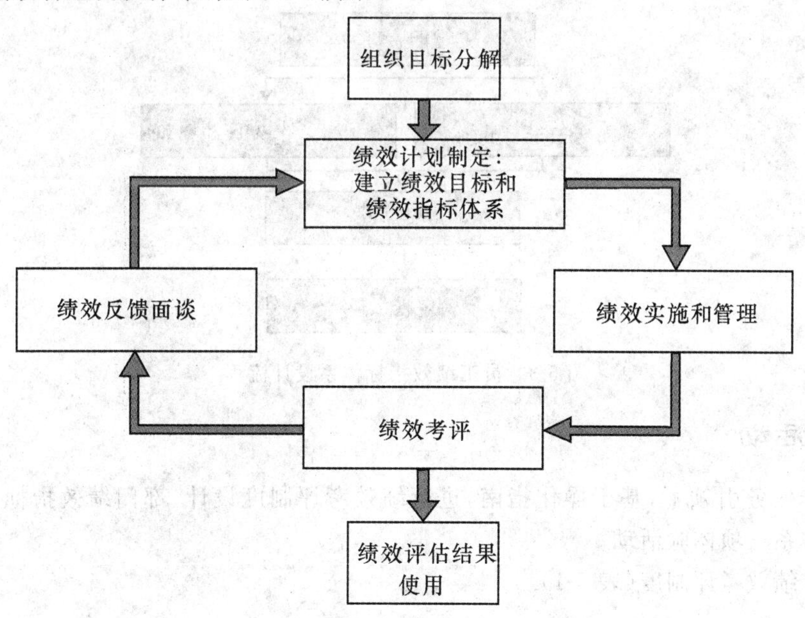

图 5-1　绩效管理流程体系

一、操作指南

1. 制定绩效目标计划及衡量标准

2. 建立关键绩效指标(Key Performance Indicator)体系

关键绩效指标体系设计流程如图 5-2 所示：

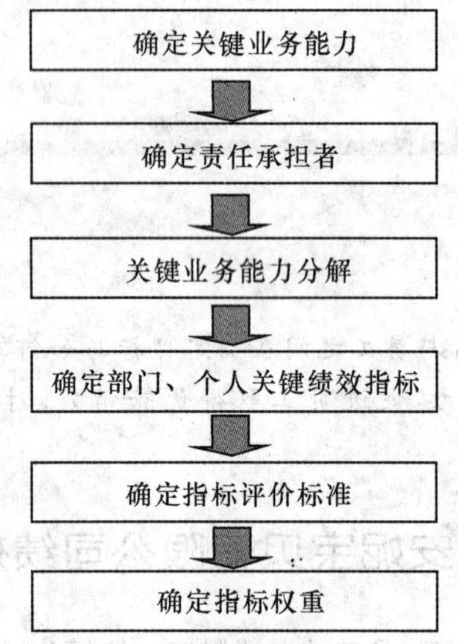

图 5-2 关键绩效指标设计流程

3. 员工绩效指标体系设计流程如图 5-3 所示：

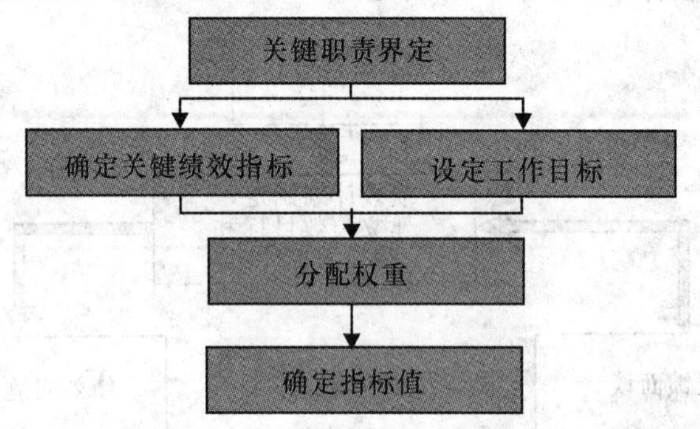

图 5-3 员工绩效指标体系设计流程

二、体验活动

在工作任务引领下，基于操作指南，进行绩效考评制度设计、部门绩效指标体系、员工绩效指标体系三项体验活动。

1. 制定绩效考评制度(表 5-1)

表 5-1 制定绩效考评制度

<table>
<tr><td>

安妮宝贝有限公司绩效考评制度

绩效考评(以下简称“考评”)是指用系统的方法、原理,评定、测量员工在职务上的工作行为和工作效果。

一、考评的目的和用途

1. 考评的最终目的是改善员工的工作表现,以达到企业的经营目标,并提高员工的满意程度和未来的成就感。

2. 考评的结果主要用于工作反馈、报酬管理、职务调整和工作改进。

二、考评的原则

1. 一致性:在一段连续时间之内,考评的内容和标准不能有大的变化,至少应保持 1 年之内考评的方法具有一致性;

2. 客观性:考评要客观地反映员工的实际情况,避免由于光环效应、新近性、偏见等带来的误差;

3. 公平性:对于同一岗位的员工使用相同的考评标准;

4. 公开性:员工要知道自己的详细考评结果。

三、考评的内容

考核的内容分以下三部分:

(1)重要任务:本季度内完成的重要工作,考评的工作不超过 3 个,由任务布置者进行考评;

(2)岗位工作:岗位职责中描述的工作内容,由直接上级进行考评;

(3)工作态度:指本职工作内的协作精神、积极态度等。由部门内部同事或被服务者进行考评。

(4)其他内容

四、考评的一般程序

1. 员工的直接上级为该员工的考评负责人,具体执行考评程序;

2. 员工对“岗位工作”和“工作态度”部分进行自评,自评不计入总分;

3. 直接上级一般为该员工的考评负责人;

4. 考评结束时,考评负责人必须与该员工单独进行考评沟通;

5. 具体考评步骤在各岗位的考评实施细则中具体规定。

五、保密

1. 考评结果只对考评负责人、被考评人、人事负责人、总经理公开;

2. 考评结果及考评文件交由人力资源部存档;

3. 任何人不得将考评结果告诉无关人员。

六、其他事项

1. 公司的绩效考评工作由人力资源部统一负责;

2. 结合不同的工作岗位、考核周期分为年度、季度、月度

3. 考评负责人在第一次开展考评工作前要参加考评培训(由人力资源部组织);

4. 各岗位的考评实施细则在本制度基础上由人力资源部、考评负责人及被考评人共同制定。

七、本制度自颁布之日起实行。

八、本制度由人力资源部负责解释。

</td></tr>
</table>

2. 部门绩效考评体系设计

鉴于各部门的职能不同,对各部门的考评采取差异化的控制方式。财务部、生产部、质检部、技术工程部的考评指标由经营控制指标、专项工作指标和综合管理能力指标构成;管

理部的考评指标由专项工作指标和综合管理能力指标构成。具体指标设置如下：

(1)管理部考评指标

表 5-2 管理部考评指标表

<table>
<tr><th colspan="2">指标项目</th><th>权重</th><th>目标值</th><th>实际值</th><th>备注</th></tr>
<tr><td rowspan="3">综合管理能力指标</td><td>综合管理效果</td><td>20%</td><td></td><td></td><td>总经理评价占 70%，各部门负责人评价占 30%</td></tr>
<tr><td colspan="4">宣传工作开展状况</td><td rowspan="2">作为加分项目进行考核</td></tr>
<tr><td colspan="4">改善与创新活动开展情况</td></tr>
<tr><td rowspan="4">专项工作指标</td><td>专项工作一</td><td rowspan="4">80%</td><td></td><td></td><td rowspan="4">由管理部在每月工作计划中报送</td></tr>
<tr><td>专项工作二</td><td></td><td></td></tr>
<tr><td>……</td><td></td><td></td></tr>
<tr><td>专项工作 N</td><td></td><td></td></tr>
</table>

(2)财务部考评指标

表 5-3 财务部考评指标表

<table>
<tr><th colspan="2">指标项目</th><th colspan="2">权重</th><th>目标值</th><th>实际值</th><th>备注</th></tr>
<tr><td rowspan="2">经营控制指标</td><td>仓库影响生产情况</td><td>30%</td><td rowspan="2">60%</td><td>2 次</td><td></td><td>由生产部按月报送</td></tr>
<tr><td>财务核算及时、准确性</td><td>30%</td><td>2 次/项</td><td></td><td>由财务部、管理部共同进行评价</td></tr>
<tr><td rowspan="4">专项工作指标</td><td>专项工作一</td><td colspan="2" rowspan="4">40%</td><td></td><td></td><td rowspan="4">由财务部在每月工作计划中报送</td></tr>
<tr><td>专项工作二</td><td></td><td></td></tr>
<tr><td>……</td><td></td><td></td></tr>
<tr><td>专项工作 N</td><td></td><td></td></tr>
<tr><td rowspan="2">综合管理能力指标</td><td colspan="5">宣传工作开展状况</td><td rowspan="2">作为加分项目进行考核</td></tr>
<tr><td colspan="5">自主改善活动开展情况</td></tr>
</table>

(3)质检部考评指标

表 5-4 质检部考评指标表

<table>
<tr><th colspan="2">指标项目</th><th colspan="2">权重</th><th>目标值</th><th>实际值</th><th>备注</th></tr>
<tr><td rowspan="2">经营控制指标</td><td>市场重大/批量质量问题次数</td><td>40%</td><td rowspan="2">70%</td><td>1 次</td><td></td><td>由营业部按月报送</td></tr>
<tr><td>产品下线率</td><td>30%</td><td>25%</td><td></td><td>由生产部按月报送</td></tr>
<tr><td rowspan="4">专项工作指标</td><td>专项工作一</td><td colspan="2" rowspan="4">30%</td><td></td><td></td><td rowspan="4">由质检部在每月工作计划中报送</td></tr>
<tr><td>专项工作二</td><td></td><td></td></tr>
<tr><td>……</td><td></td><td></td></tr>
<tr><td>专项工作 N</td><td></td><td></td></tr>
<tr><td rowspan="2">综合管理能力指标</td><td colspan="5">宣传工作开展状况</td><td rowspan="2">作为加分项目进行考核</td></tr>
<tr><td colspan="5">自主改善活动开展情况</td></tr>
</table>

(4)技术部考评指标

表 5-5 技术部考评指标表

<table>
<tr><th colspan="2">指标项目</th><th colspan="2">权重</th><th>目标值</th><th>实际值</th><th>备注</th></tr>
<tr><td rowspan="3">经营控制指标</td><td>质量整改未完成项</td><td>30%</td><td rowspan="3">80%</td><td>1项</td><td></td><td>由质检部按月报送</td></tr>
<tr><td>工艺、技术及设备影响生产次数</td><td>30%</td><td>2次</td><td></td><td>由生产部按月报送</td></tr>
<tr><td>投资技改计划完成情况</td><td>20%</td><td>2项</td><td></td><td>2项未按计划进度</td></tr>
<tr><td rowspan="4">专项工作指标</td><td>专项工作一</td><td colspan="2" rowspan="4">20%</td><td></td><td></td><td rowspan="4">由技术工程部在每月工作计划中报送</td></tr>
<tr><td>专项工作二</td><td></td><td></td></tr>
<tr><td>……</td><td></td><td></td></tr>
<tr><td>专项工作N</td><td></td><td></td></tr>
<tr><td rowspan="2">综合管理能力指标</td><td colspan="5">宣传工作开展状况</td><td rowspan="2">作为加分项目进行考核</td></tr>
<tr><td colspan="5">自主改善活动开展情况</td></tr>
</table>

(5)生产部考评指标

表 5-6 生产部考评指标表

<table>
<tr><th colspan="2">指标项目</th><th colspan="2">权重</th><th>目标值</th><th>实际值</th><th>备注</th></tr>
<tr><td rowspan="3">经营控制指标</td><td>月生产计划准时完成情况</td><td>30%</td><td rowspan="3">90%</td><td>内:98.5%
外:98%</td><td></td><td>由质检部按月统计</td></tr>
<tr><td>成品一次送检合格率</td><td>30%</td><td>内:97%
外:95%</td><td></td><td>由质检部按月统计</td></tr>
<tr><td>目标变动成本达成率</td><td>30%</td><td>1.04</td><td></td><td>由财务部按月测算</td></tr>
<tr><td rowspan="3">专项工作指标</td><td>专项工作一</td><td colspan="2" rowspan="3">10%</td><td></td><td></td><td></td></tr>
<tr><td>……</td><td></td><td></td><td></td></tr>
<tr><td>专项工作N</td><td></td><td></td><td></td></tr>
<tr><td rowspan="2">综合管理能力指标</td><td colspan="5">宣传工作开展状况</td><td rowspan="2">作为加分项目进行考核</td></tr>
<tr><td colspan="5">自主改善活动开展情况</td></tr>
</table>

◆综合管理效果

表 5-7 综合管理效果表

<table>
<tr><td>指标含义</td><td>反映责任部门综合管理能力,满足公司整体运作要求的能力</td></tr>
<tr><td>设立目的</td><td>确保公司日常经营管理活动正常运作</td></tr>
<tr><td>相关说明</td><td>●主要考评责任部门对公司决策(层)的参谋支持能力,考评责任部门的工作态度、统筹协调能力、对相关部门的服务支持力度和及时性等。
●对该指标的考评主要为定性考评,考评结果分为“不满意”“不太满意”“及格”“较满意”“满意”。
●计分方式为:非常不满意=0分、不太满意=50分、一般=80分、较满意=90分、非常满意=100分。</td></tr>
<tr><td>指标测评</td><td>公司总经理、各部门负责人</td></tr>
<tr><td>统计周期</td><td>每月一次</td></tr>
</table>

◆宣传工作开展状况

表 5-8 宣传工作开展状况表

指标含义	反映部门宣传工作业绩
设立目的	促进各部门关注企业文化，营造公司良好的工作氛围
相关说明	●主要考评责任部门对公司文化宣传工作的态度、业绩； ●对该指标的考评标准依据公司《2008 下半年宣传工作方案》进行； ●加分方法：假设某部门 X 月份宣传工作得分为“A”，则该部门 X 月份在绩效考评中宣传工作加分为“0.2×A”； ●对该指标的考评不影响《2008 下半年宣传工作方案》中规定的奖励。
指标测评	由管理部负责组织统计、测算
统计周期	每月一次

◆自主改善活动开展情况

表 5-9 自主改善活动开展情况表

指标含义	反映部门在公司自主改善活动中的业绩
设立目的	鼓励各部门持续改进工作，不断提高经营业绩
相关说明	●主要考评责任部门在公司自主改善活动中的态度、业绩； ●计分标准：公司内部采纳每项得 1 分，获事业部奖励的每项得 3－5 分，获集团奖励的每项得 10－20 分； ●加分方式：假设某部门 X 月份自主改善得分为“A”，则该部门 X 月份在绩效考评中自主改善项目加分为“0.2×A”； ●对该指标的考评不影响《自主改善活动管理规定》中规定的奖励。
指标测评	由管理部负责组织统计、测算
统计周期	每月一次

◆仓管影响生产情况

表 5-10 仓管影响生产情况表

指标含义	反映仓管部门管理水平和对生产组织部门的配合支持情况
设立目的	提高公司物流管理水平和仓管对生产的服务支持力度
相关说明	●主要考评因仓管人员工作质量、效率等导致生产计划更改、待工停产（10 分钟以上）等影响生产情况； ●考评方法：统计月度内由于仓管原因影响生产组织的总次数(X)； ●得分计算：月度该项指标得分＝$100\times0.7^{X/Y}$ 其中：X 代表实际值，Y 代表目标值。
指标测评	由生产部负责组织统计
统计周期	每月一次

◆ 财务信息及时、准确

表 5-11 财务信息及时、准确

指标含义	反映财务部门会计核算的及时性、准确性
设立目的	财务信息对公司经营决策的支持性目标
相关说明	●测评方法：统计周期内所有因财务报表迟交、财务数据不准确而影响经营运作或造成相关部门投诉的项/次之和； ●得分计算：月度该项指标得分＝$100\times0.7^{X/Y}$ 其中：X 代表实际值，Y 代表目标值。
指标测评	财务管理部、管理部
统计周期	每月一次

◆ 月度市场重大批量质量问题次数

表 5-12 月度市场重大批量质量问题次数表

指标含义	反映责任部门对产品实物质量的把关水平
设立目的	成品质量控制目标
相关说明	●主要考评统计周期内重大和批量市场质量问题出现的次数； ●重大/批量市场质量问题：因产品质量引起客户重大不满而影响公司形象或市场销售的质量问题；同一性质的产品质量问题在统计周期内连续出现 5 次以上的；因产品质量问题引起工程或安全事故的。 ●得分计算：月度该项指标得分＝$100\times0.7^{X/Y}$ 其中：X 代表实际值，Y 代表目标值。
指标测评	由营业部按月统计
统计周期	每月一次

◆ 工艺、技术及设备影响生产次数

表 5-13 工艺、技术及设备影响生产次数

指标含义	反映工艺技术部门的工作质量和对生产的支持配合力度
设立目的	工艺技术保障目标
相关说明	●考评当月所有包括技术准备不足、工艺技术文件不完善、现场工艺支持不到位以及因设备等因素影响生产次数； ●得分计算：月度该项指标得分＝$100\times0.7^{X/Y}$ 其中：X 代表实际值，Y 代表目标值。
指标评测	生产部、质检部
统计周期	每月一次

3.员工个人绩效指标体系设计

岗位:总经理年度考核

表 5-14 总经理年度考核

<table>
<tr><th>考评内容</th><th>指标类型</th><th>具体指标</th><th>分值</th><th>考核者</th><th>依据来源</th></tr>
<tr><td rowspan="3">董事会满意度(10%)</td><td rowspan="3"></td><td>董事会决议的执行效果</td><td rowspan="3">10</td><td rowspan="11">全体董事</td><td rowspan="3">全体董事</td></tr>
<tr><td>综合能力</td></tr>
<tr><td>战略规划能力</td></tr>
<tr><td rowspan="6">实际业绩(80%)</td><td rowspan="2">财务指标(60%)</td><td>公司经营利润(与本年度计划比较)</td><td>45</td><td rowspan="2">财务总监</td></tr>
<tr><td>公司销售额</td><td>15</td></tr>
<tr><td rowspan="4">管理指标(20%)</td><td>公司发展规划及年度经营计划的制定和执行的合理性、及时性</td><td>5</td><td rowspan="6">全体董事</td></tr>
<tr><td>对各职能部门的督导(计划的执行,人员的配备)</td><td>5</td></tr>
<tr><td>各级部门间的协作</td><td>5</td></tr>
<tr><td>制度建设和落实情况</td><td>5</td></tr>
<tr><td rowspan="2">其他(10%)</td><td rowspan="2"></td><td>发现、培养下属能力</td><td>5</td></tr>
<tr><td>各高管的重大成绩/失误</td><td>5</td></tr>
</table>

说明:

1. 公司经营利润的评分标准:公司销售净利增长率达到计划增长率评分为 45 分,每增(减)0.1%,评分增(减)1 分;

2. 公司销售额的评分标准:此项评分为 15 分,每增(减)1%,评分增(减)1 分;

3. 其他定性的指标由全体董事根据客观情况评定(最终评分为各董事评分的算术平均分)。

岗位：总经理助理季度考核

表 5-15 总经理助理季度考核

考评内容	指标类型	具体指标	分值	依据来源
总经理满意度（20%）		见满意度评分表	20	满意度评分表
实际业绩（55%）	季度目标计划完成情况	季度目标计划达成率，按实际达成率换算：（实际完成项数/计划工作项数）	10	总经理
	质量管理指标	开箱合格率	15	质管办
		用户反馈情况	5	质管办
	采购管理指标	采购成本降低率	15	计财部
		采购品检验合格率	5	质管办
	人事	人员流失率（助工、师级以上人员）	5	人事主管
内部管理（14%）	管理费用控制	实际可控费用/计划预计费用	5	计财部
	下属管理情况	下属工作重大成绩或错误（评分标准见附表）	4	企管办
		下属培训、能力发展（评分标准见附表）	5	总经理
互评（10%）	评议得分	根据每月部门互评结果（见部门考核互评表）	10	考核中心
其他（1%）	个人出勤率	实出勤天数 / 应出勤天数	1	人事主管

说明：

1. 互评部门：技术副总、营销副总、财务总监、总经理助理；

2. 开箱合格率：基本合格率为 99%，每提高 0.1%加该项分值的 10%，每降低 0.1%扣该项分值的 10%，扣完为止；

3. 用户反馈情况：根据用户的投诉次数扣分，投诉一次扣 1 分，扣完为止；

4. 人员流失率（助工、师级以上人员）：流失一个扣 1 分，依次类推，扣完为止；

5. 采购成本降低率：按计划值计算，降低率 7%为满分，7%以上提高 0.1%加 1 分，上不封顶；反之降低 0.1%扣 1 分，可以倒扣；

6. 采购品检验合格率：合格率 95%为满分，合格率每提高 0.5%加该项分值的 10%，每降低 0.1%扣该项分值的 10%，可以倒扣；

7. 年度考核评分＝（四个季度考核评分之和/4）×80%＋公司绩效评分

公司绩效评分标准：公司销售净利率达到计划增长率评分为 10 分，每增（减）0.1%，评分增（减）1 分；销售额达到计划销售额评分为 10 分，每增（减）1%，评分增（减）1 分

岗位:技术总监季度考核

表 5-16 技术总监季度考核表

考评内容	指标类型	具体指标	分值	考核者	依据来源
总经理满意度(20%)		见满意度评分表	20	总经理	满意度评分表
实际业绩(55%)	研发管理指标	研发项目完成率	15	考核中心	研发部
	生产工艺管理指标	生产工艺完成质量状况	12	考核中心	质管办
		非常规合同执行情况	8	考核中心	研发部
	季度目标计划完成情况	季度目标计划达成率,按实际达成率换算(实际完成项数/计划工作项数)	12	总经理	总经理
	成本控制指标	实际研发、技改经费支出/预算经费支出	8	考核中心	计财部
内部管理(14%)	管理费用控制	实际可控费用/计划预计费用	4	考核中心	计财部
	下属管理情况	下属工作重大成绩或错误(评分标准见附表)	3	考核中心	企管办
		下属培训、能力发展	5	总经理	总经理
		主管的部门人员流失	2	考核中心	人事主管
互评(10%)	评议得分	根据每月部门互评结果	10	考核中心	互评表
其他(1%)	个人出勤率	实出勤天数 / 应出勤天数	1	考核中心	人事主管

说明:

1. 研发项目完成率:实际研发完成项目/计划应完成研发项目,按实际达成率换算(每超额完成 1%,加 1 分);

2. 生产工艺完成质量状况:可根据生产部门对技术部的投诉次数来考核,质管办负责记录投诉次数,投诉一次扣 0.5 分,扣完为止,对于具体何种投诉应该记录在案,由技术部、生产部、质管办共同在考核前三方协商确定,并由考核中心存档;

3. 互评部门:生产部、营销副总、财务总监、总经理助理;

4. 主管的部门人员流失:应该分具体的情况来考虑这个指标,如果是部门主管管理上的原因造成下属员工流失的,流失一个扣 1 分,依次类推,且可倒扣;

5. 实际研发、技改经费支出/预算经费支出:达到 100%,评分为 13 分,每减(增)0.5%,加(减)1 分;

6. 年度考核评分=(四个季度考核评分之和/4)×80%+公司绩效评分

公司绩效评分标准:公司销售净利率达到计划增长率评分为 10 分,每增(减)0.1%,评分增(减)1 分;销售额达到计划销售额评分为 10 分,每增(减)1%,评分增(减)1 分

部门:技术部经理月度考核

表 5-17 技术部经理月度考核表

考评内容	指标类型	具体指标	分值	考核者	依据来源
技术总监满意度(10%)		见满意度评分表	10	技术总监	满意度评分表
实际业绩(60%)	业务完成指标	下达的计划任务完成情况	20	考核中心	技术部
		非常规合同执行情况	15	技术副总	技术副总
		产品工艺问题状况	5	考核中心	质管办
		季度技术分析报告	10	技术副总	技术副总
	成本管理指标	实际技术改造费用/预算费用	10	考核中心	计财部
内部管理(18%)	管理费用控制	实际可控费用/计划预计费用	5	考核中心	计财部
	下属管理情况	下属培训、能力发展效果(评分标准见附表)	6	技术副总	技术副总
		下属工作重大成绩或错误(评分标准见附表)	6	考核中心	企管办
		部门出勤率(实出勤天数 / 应出勤天数)	1	考核中心	人事主管
互评(10%)	评议得分	根据每月部门互评结果	10	考核中心	考核中心
其他(2%)	个人出勤率	实出勤天数 / 应出勤天数	1	考核中心	人事主管
	公共财产完好情况	好(1分),一般(0.5分),差(0分)	1	考核中心	企管办

说明:

1. 下达的计划任务完成情况:实际完成产品项目/计划应完成项目,按实际达成率换算;

2. 产品工艺问题状况:可根据生产部门对技术部的投诉次数来考核,质管办负责记录投诉次数,对于具体何种投诉应该记录在案,由技术部、生产部、质管办共同在考核前三方协商确定,并由考核中心存档,投诉一次扣1分,扣完为止;

3. 非常规合同执行情况:好(10分),一般(7分),差(5分);

4.《同行技术分析报告》、《行业相关技术发展报告》每半年提交一次,考核中心存档,好(10分),一般(7分),差(5分);

5. 成本管理指标评分方法与管理费用控制相同;

6. 互评部门:研发部、生产部、营销部、技术服务部、计财部。

部门:企管部　岗位:人事秘书月度考核

表 5-18　人事秘书月度考核表

<table>
<tr><th>考评内容</th><th>指标类型</th><th>具体指标</th><th>分值</th><th>考核者</th><th>依据来源</th></tr>
<tr><td rowspan="15">工作能力
(70%)</td><td rowspan="3">业务处理成果</td><td>人事档案完整,归类合理,人事手续办理及时正确,员工无投诉,工作有条理,事务处理得当,效果极佳(18—20)</td><td rowspan="3">30</td><td rowspan="18">上级主管</td><td rowspan="18">主管的感受/记录</td></tr>
<tr><td>工作能在预定时间内完成,成果尚好(12—17)</td></tr>
<tr><td>工作偶有错误须加以督促,成果稍差(0—11)</td></tr>
<tr><td rowspan="3">创新成果</td><td>自动改进工作方法或提出建议,成效良好(9—10)</td><td rowspan="3">10</td></tr>
<tr><td>能拟订工作方法或提出建议,成效普通(6—8)</td></tr>
<tr><td>满足现状,分内工作少有改进,成效稍差(0—5)</td></tr>
<tr><td rowspan="3">知识与技能</td><td>有丰富的学识和技能,善于学习,足以完成本身工作(14—15)</td><td rowspan="3">15</td></tr>
<tr><td>知识和技能均为一般水准,尚能完成本身工作(9—13)</td></tr>
<tr><td>知识与技能稍感不足,执行职务需详细提示(0—8)</td></tr>
<tr><td rowspan="3">计划性</td><td>有优越的企划力、计划力而完全达成目标(9—10)</td><td rowspan="3">5</td></tr>
<tr><td>对例行工作有计划完成(6—8)</td></tr>
<tr><td>缺乏计划性,未达成目标(0—5)</td></tr>
<tr><td rowspan="3">交涉协调能力</td><td>能与有关单位交涉协调良好,顺利完成工作(9—10)</td><td rowspan="3">10</td></tr>
<tr><td>无特别有缺少交涉协调之行为(6—8)</td></tr>
<tr><td>本位主义浓厚,缺乏与人交涉协调(0—5)</td></tr>
<tr><td rowspan="3">工作态度
(20%)</td><td rowspan="3">责任感</td><td>极有责任感,遇到困难均能突破难关(18—20)</td><td rowspan="3">20</td></tr>
<tr><td>对所交代的工作,均负责地去完成(12—17)</td></tr>
<tr><td>经常推诿责任,无责任感(0—11)</td></tr>
<tr><td>其他
(10%)</td><td>出勤率</td><td>实际出勤天数 / 应出勤天数</td><td>10</td><td>人事主管</td><td>人事主管</td></tr>
<tr><td>主管评语</td><td colspan="5"></td></tr>
</table>

说明:

1. 各项分值由考核者在权重的范围内适度打分;
2. 出勤率达到 99%以上为满分,每降低 1%,评分减少分值的 10%,直至低于 90%为 0 分;

部门:企管部 岗位:质管员月度考核

表 5-19 质管员月度考核表

考评内容	指标类型	具体指标	分值	考核者	依据来源
工作能力(70%)	业务处理成果	质量记录完整,统计及时准确,质量问题处理得当,主动参与相关业务处理,效果极佳(27—30)	30	上级主管	主管的感受/记录
		工作能在预定时间内完成,成果尚好(18—26)			
		工作偶有错误须加以督促,成果稍差(0—17)			
	创新成果	自动改进工作方法或提出建议,成效良好(9—10)	10		
		能拟订工作方法或提出建议,成效普通(6—8)			
		满足现状,分内工作少有改进,成效稍差(0—5)			
	知识与技能	有丰富的学识和技能,善于学习,足以完成本身工作(14—15)	15		
		知识和技能均为一般水准,尚能完成本身工作(9—13)			
		知识与技能稍感不足,执行职务需详细提示(0—8)			
	计划性	有优越的企划力、计划力而完全达成目标(5)	5		
		对例行工作有计划完成(3)			
		缺乏计划性,未达成目标(1)			
	协调能力	能与有关单位协调良好,顺利完成工作(9—10)	10		
		无特别有缺少交涉协调的行为(6—8)			
		本位主义浓厚,缺乏与人交涉协调(0—5)			
工作态度(20%)	责任感	极有责任感,遇到困难均能突破难关(18—20)	20		
		对所交代的工作,均负责地去完成(12—17)			
		经常推诿责任,无责任感(0—11)			
其他(10%)	出勤率	实际出勤天数 / 应出勤天数	10	人事主管	人事主管
主管评语					

说明:

1. 各项分值由考核者在权重的范围内适度打分;

2. 出勤率达到 99%以上为满分,每降低 1%,评分减少分值的 10%,直至低于 90%为 0 分;备注:公共指标说明:(1)管理费用控制的评分标准:实际管理费用与费用预算的比值为 100%时,评分为满分;比值每增(减)1%,则评分减(增)5%。(2)出勤率的评分标准(按季度):个人出勤率(缺勤超过 2 天,评分即为 0 分),部门出勤率(低于 99%,评分即为 0 分)。

3. 下属工作重大成绩或错误的评分标准:以 100 分为基准分为 5 个等级,A 级为 150 分(下属工作获公司通报表扬 1 次以上),B 级为 100 分(下属获公司通报表扬 1 次),C 级为 50 分(既无批评、又无表扬),D 级为 0 分(下属工作错误受公司通报批评 1 次),E 级为—50 分(下属工作受公司通报批评 1 次以上)。此项考核的考核者为考核中心,依据来源为企管办。

4.下属的培训和能力发展的评分标准:以100分为基准分为4个等级,A级为100分(季度培训计划完成90%以上,善于发掘有潜能的下属,了解其发展方向并常能加以适当培养,而且已经培养了后备人员),B级为70分(季度培训计划完成60%以上,能发掘有潜能的下属,并能帮助其发展,但效果有所欠缺),C级为50分(季度培训计划完成40%以上,能发掘有潜能的下属,但培养与指导不足),D级为0分(季度培训计划完成不到40%,不能发掘有潜能的下属或培养与指导不足)。此项考核的考核者为上级主管,依据来源为本部门或上级主管,但季度部门培训计划必须送交企管办备案,否则以0分处理。

5."满意度评分表"和"部门互评表"参见附表(表5-20)月度考核表(表5-21)

表5-20 满意度评分表

<table>
<tr><th colspan="2">因素</th><th>考核要点</th><th>分值</th><th>得分</th></tr>
<tr><td rowspan="6">工作成果
(40%)</td><td rowspan="3">分管工作(20%)</td><td>他分管工作的工作量大小</td><td>5</td><td></td></tr>
<tr><td>他分管工作的工作难度大小</td><td>5</td><td></td></tr>
<tr><td>他分管工作完成的质量如何</td><td>10</td><td></td></tr>
<tr><td rowspan="3">助手作用(20%)</td><td>协助总经理/部门领导工作的工作量大小</td><td>5</td><td></td></tr>
<tr><td>协助总经理/部门领导工作的工作难度大小</td><td>5</td><td></td></tr>
<tr><td>协助总经理/部门领导工作完成质量如何</td><td>10</td><td></td></tr>
<tr><td rowspan="4">其 他
(20%)</td><td>创新(5%)</td><td>能否在工作中引进一些创新的方法加以改进或提高工作质量</td><td>5</td><td></td></tr>
<tr><td>分级授权(5%)</td><td>能否通过成效授权达到非常好的管理效果</td><td>5</td><td></td></tr>
<tr><td>管理力度(5%)</td><td>控制任务、把握进度和指挥控制下属的能力</td><td>5</td><td></td></tr>
<tr><td>突发事件处理能力(5%)</td><td>预见突发事件发生的能力和突发事件的处理能力</td><td>5</td><td></td></tr>
<tr><td rowspan="4">工作态度
(40%)</td><td>爱岗敬业(10%)</td><td>热爱岗位,工作任劳任怨,不怕吃苦</td><td>10</td><td></td></tr>
<tr><td>责任意识(10%)</td><td>勇于承担工作责任,从不推卸工作责任</td><td>10</td><td></td></tr>
<tr><td>团队合作(10%)</td><td>善于与人合作,效果显著</td><td>10</td><td></td></tr>
<tr><td>严谨认真(10%)</td><td>工作一丝不苟、踏实</td><td>10</td><td></td></tr>
<tr><td>合计</td><td></td><td></td><td></td><td></td></tr>
</table>

说明:考核要点的评分视实际情况分三个等级:好(80%—100%),中(50%—80%),差(0—50%)

表 5-21 部门互评表

因素		考核要点	分值	得分
工作能力（60%）	工作完成情况	该部门（员工）所负责的协作（服务）工作是否到位、全面	20	
		该部门（员工）在与你部门协作的工作上，是否比上月有进步	10	
		是否能及时、正确地执行指令	10	
	日常工作处理	对协作或检查中指出的问题是否采取改进措施	10	
		对（指出的）问题的改进效果	10	
工作态度（40%）	协作态度	协作态度：好、一般、差	8	
	深入你部门	是否经常深入你部门了解实情，协助工作	8	
	责任意识	勇于承担工作责任，从不推卸工作责任，不居功委过	8	
	协作性	善于与本部门协作	8	
	积极认真	工作一丝不苟、踏实	8	

说明：

考核要点的评分视实际情况划分为三个等级：好（80%—100%），中（50%—80%），差（0—50%）

工作任务二 安妮宝贝有限公司的绩效考核实施、反馈

安妮宝贝有限公司为了考评的效度、信度等提升，更好地将现有制度延续，对各方面考评实施情况进行全面反馈评估。

一、操作指南

1. 绩效考评实施的原则

①一致性：在一段连续时间之内，考评的内容和标准不能有大的变化，至少应保持一年之内考评的方法具有一致性；

②客观性：考评要客观反映员工实际情况，避免由于光环效应、偏见等带来的误差；

③公平性：对于同一岗位的员工使用相同的考评标准；

④公开性：员工要知道自己的详细考评结果。

2. 绩效评估方法

比较法：简单排序法、配对比较法、强制分布法

特性法：图评价尺度法、混合标准尺度法

行为法：关键事件法、行为锚定等级评价法、行为观察评价法、目标结果法

3. 绩效考评反馈的流程，如图 5-4 所示：

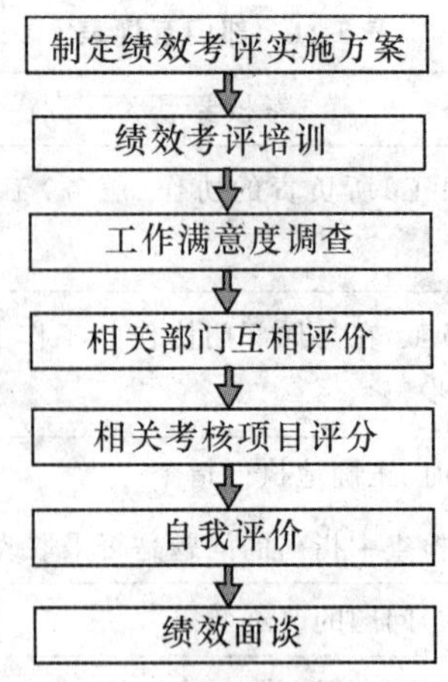

图 5-4 绩效考评反馈流程

二、体验活动

在工作任务引领下，基于操作指南，进行绩效评估方法选择、绩效考评实施和反馈两项体验活动。

1. 绩效评估方法

(1)排序法是指根据被评估员工的工作绩效进行比较，从而确定每一员工的相对等级或名次。等级或名次可从优至劣或由劣到优排列。

表 5-22 排序评估表

部门________	评估内容________
工作绩效最好的员工 1. ______ 2. ______ 3. ______ 4. ______ ________ 工作绩效最差的员工	

(2)强制分布法是按照事物“两头小，中间大”的分布规律，把评估结果预定的百分比分配到各部门，然后各部门根据各自的规模和百分比确定各等级的人数的方法。

表 5-23 根据部门绩效确定目标员工的绩效等级

员工绩效评价等级	等级类型	部门绩效评价等级				
		卓越(%)	优秀(%)	高标准(%)	有改进余地(%)	无法接受(%)
TF:前 5%	相对	8	6	5	2	1
TQ:前 20%	相对	20	17	15	12	10
OU:突出	绝对	71	75	75	78	79
VG:很好	绝对					
GD:好	绝对					
TF:最差的 5%	相对	1	2	5	8	10
NA:无法接受	绝对					
PR:正在进步	不适用					

资料来源:The Coference Board,New York City. Data supplied by Merck & Co.;chart by Kevin j. Murphy,University of Rochester.

(3)配对比较法是管理者将每一位员工与工作群体中的所有其他员工进行一对一的两两比较,如果一位员工在与另外一位员工的比较中被认为是绩效更为优秀者,那么此人将得到 1 分。全部的配对比较完成之后,对所得分数进行加总,便是员工绩效评估的分数,然后根据员工所获分数将员工进行排序。

表 5-24 配对比较

员工姓名	A	B	C	D	E
A	—	1	1	1	1
B	0	—	1	1	1
C	0	0	—	1	1
D	0	0	0	—	1
E	0	0	0	0	—

表 5-25 配对比较法的评估结果

员工姓名	配对比较胜出次数	名次
E	4	1
D	3	2
C	2	3
B	1	4
A	0	5

(4)图评估尺度法

图评估尺度法(graphic rating scales)必须确定两个因素:一为评估项目,也即从哪些方面评估员工绩效;二为评定每一项目分为几个等级。在使用过程中,评估者每次只要考虑一位员工,然后从中圈出一个与被评估员工具有某一种特性的程度最为相符的分数即可。

图评估尺度法举例

下列绩效要素大多数职位都是非常重要的。请你对这些绩效要素进行评估,并将相应的分数圈起来。

表 5-26

	评价尺度				
绩效维度	优秀	良好	中等	需要改进	不令人满意
知识	5	4	3	2	1
沟通能力	5	4	3	2	1
判断力	5	4	3	2	1
管理技能	5	4	3	2	1
质量绩效	5	4	3	2	1
团队合作	5	4	3	2	1
人际关系能力	5	4	3	2	1
主动性	5	4	3	2	1
创造性	5	4	3	2	1
解决问题能力	5	4	3	2	1

资料来源:[美]雷蒙德·A·偌伊,约翰·霍伦拜克,拜雷·格哈特,帕特雷克·莱特著.人力资源管理:赢得竞争优势.第三版.刘昕译.北京:中国人民大学出版社,2001.

(5)行为锚定等级评估法

主要是通过建立与不同绩效水平相联系的行为锚定来对绩效维度加以具体的界定,它为每个评估项目都设计一个评分量表,并使典型的行为描述与量表上的一定的等级评分标准相对应,以供评估者在评估员工的工作绩效时作为参考。

表 5-27 锚定等级评估法评分表

考核维度:对待顾客投诉的处理态度与方式

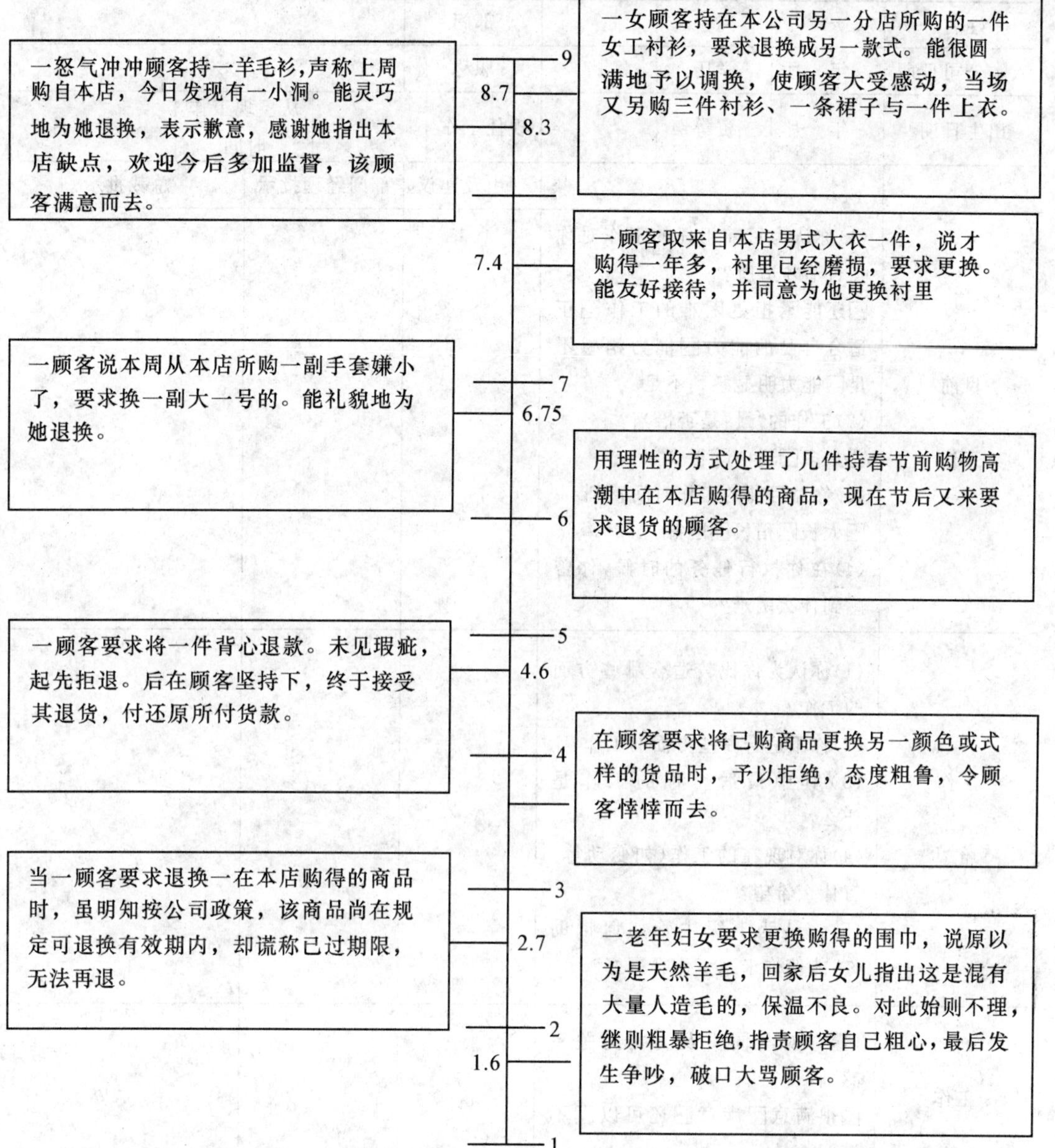

资料来源:余凯成主编.人力资源开发与管理.北京:企业管理出版社,1998.

2.员工自我评价

表 5-28　员工自我评价表

<table>
<tr><td>姓名</td><td></td><td>岗位</td><td></td><td>部门</td><td colspan="3"></td></tr>
<tr><td>入本公司日期</td><td>年　月</td><td>学历</td><td></td><td>职称</td><td colspan="3"></td></tr>
<tr><td>出生日期</td><td>年　月</td><td>工资等级</td><td></td><td>现任工作</td><td></td><td>从事现工作时间</td><td>年　月</td></tr>
<tr><td></td><td colspan="3"></td><td>理由及建议</td><td colspan="2">部门经理批示</td><td>总裁批示</td></tr>
<tr><td>目前工作</td><td colspan="3">(1)你认为目前担任的工作对你是否适才适所?
□还能承担更困难的工作□正适合自己的能力□能力稍感不足□能力明显感到不足
(2)工作的“量”是否恰当?
□太多□适中□很少
(3)你对目前的工作时间感到:
□太长□稍长□刚好
(4)在你执行任务的时候,你曾感到什么困难?</td><td></td><td colspan="2"></td><td></td></tr>
<tr><td>工作希望</td><td colspan="3">(1)你认为你比较适合哪些方面的工作?
(2)你不适合哪些方面的工作?
(3)其中最适合你的工作是什么?
(4)你对现在的工作(如变动等)有什么希望?
(5)你认为上级主管如何帮助你,能使你未来工作得更好?</td><td></td><td colspan="2"></td><td></td></tr>
<tr><td>工作环境</td><td colspan="3">(1)你对与同事及上司间关系感到:
□很满意□满意□还可以□不满意
(2)你对目前的工作环境感到
□很好□好□尚可□差</td><td></td><td colspan="2"></td><td></td></tr>
</table>

续表

薪资 及 职位	(1)你对你的工作报酬感觉怎样？□很好□稍少□合适□太少 (2)职位是否合理？□合理□不合理 (3)职称是否合理？□合理□不合理 (4)理由何在？ (5)你的希望？			
教育 培训	(1)今年内你是否参加公司内部或外部的培训？□曾参加□未曾参加 (2)曾参加什么培训？ (3)你希望接受什么类型的培训？ (4)你对企业培训的意见如何？			
工作 目标	(1)你的工作目标是什么？ (2)这个目标你已做到什么程度？			
工作 分配	(1)你认为你的部门当中工作分配是否合理？□合理□不合理 (2)什么地方亟待改进？			
特殊 贡献	(1)你认为本季度个人对公司较特殊贡献的工作是什么？ (2)你做到了什么程度？			
工作 构想	在你担任的工作中，你有什么更好的构想？请具体说明。			
总体 评价	你认为个人过去一季度在公司的表现：□优秀□良好□一般□较差□差			
希望 和 建议	(1)请代为安排和______面谈。 (2)本人的希望和建议。 a. 对上级主管的建议 b. 对公司的建议（管理、制度、营运环境等）			

3. 绩效考评面谈

表 5-29 安妮宝贝有限公司绩效考评面谈表

部门	职位	姓名	考核日期
			年 月 日

工作成功的方面	
工作中需要改善的地方	
是否需要接受一定的培训	
本人认为自己的工作在本部门和全公司中处于什么状况	
本人认为本部门工作最好、最差的是谁？全公司呢？	
对考核有什么意见	
希望从公司得到怎样的帮助	
下一步的工作和绩效的改进方向	
面谈人签名：	日期：
备注：	

说明：

1. 绩效考核面谈表的目的是了解员工对绩效考核的反馈信息，并最终提高员工的业绩；
2. 绩效考核面谈应在考核结束后一周内由上级主管安排，并报行政人事部备案。

4. 绩效考评复谈工作记录

表 5-30　安妮宝贝有限公司第三季度绩效考评复谈工作记录

<table>
<tr><td>部门/处科</td><td colspan="2"></td><td>时　间</td><td>年　　月　　日</td></tr>
<tr><td>上级</td><td>姓名：</td><td>职位：</td><td colspan="2" rowspan="2">参与人姓名、职位：</td></tr>
<tr><td>被考核人</td><td>姓名：</td><td>职位：</td></tr>
<tr><td colspan="5">双方是否就绩效考核结果和原因达成一致？</td></tr>
<tr><td colspan="5">如果存在分歧，主要分歧点：</td></tr>
<tr><td colspan="5">双方达成一致的地方：</td></tr>
<tr><td colspan="5">部门处理意见和建议：</td></tr>
<tr><td colspan="5">处理结果(部门人力资源工作者应记录部门处理意见和建议的执行结果)</td></tr>
<tr><td colspan="5">被考核人签字：　　　　参加人员签字：　　　　上级签字：</td></tr>
</table>

项目六

员工薪酬管理

业务导入

安妮宝贝有限公司坚持对外有竞争力、对内有凝聚力的原则，构建和完善企业的薪酬制度。

工作任务一　薪酬管理体系的确定和实施

本公司在遵守现有法律法规的前提下，制定相关薪酬制度、标准，完善公司薪酬管理体系。

一、操作指南

1. 薪酬是指员工从事企业所需要的劳动，而得到的以货币形式和非货币形式所表现的补偿，是企业支付给员工的劳动报酬。

2. 薪酬的构成包括基本薪酬、绩效薪酬、间接薪酬。其中基本薪酬对应基本工资，绩效薪酬对应奖金和分红，间接薪酬对应津贴、补贴和福利等。

3. 薪酬体系设计的原则如图 6-1 所示：

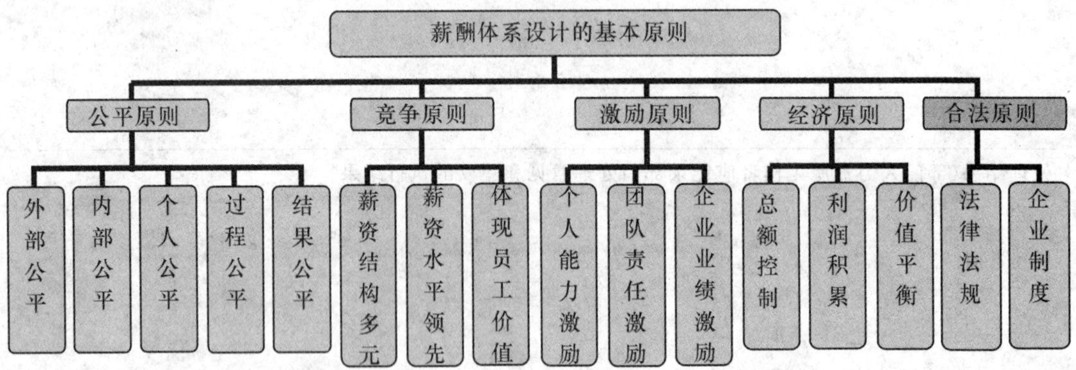

图 6-1　薪酬体系设计原则

4. 成功的薪酬体系设计的主要环节。

首先，需要有职位说明书以作为公司人力资源管理的基础，对职位所具有的特性进行重要性评价；

其次，委托专门的薪酬调查公司就同行业、同类别、同性质公司的薪酬水平进行调查，获得薪酬市场数据；

再次，依据公司职级图、薪资调查的数据，公司的业务状况以及实际支付能力，形成我们对公司的薪酬体系，此项工作内容包括制订薪酬结构、制订不同人员的薪酬分配办法和薪酬调整办法、测算人力成本等；

最后，形成公司可执行、公布的薪酬政策。

薪酬体系设计的流程如图 6-2 所示：

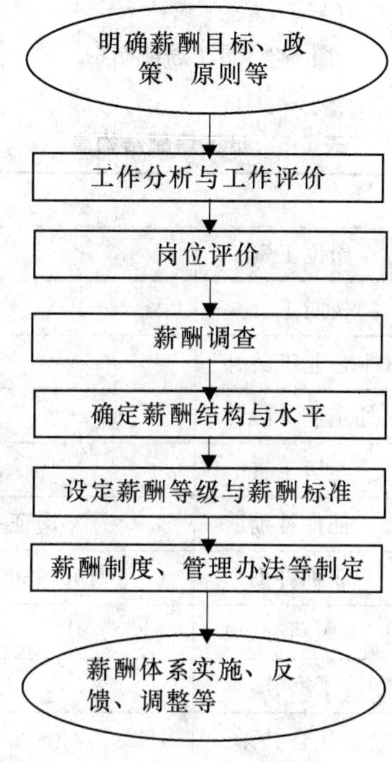

图 6-2 薪酬体系设计的流程

二、体验活动

在工作任务引领下，基于操作指南的基础上，下面进行薪酬构成、薪酬结构、福利、岗位评价定薪酬、薪酬调查、岗位工资、员工工资核算、员工出勤工薪核算表、工资奖金核定表、薪酬调整管理表、销售人员薪酬管理十一项体验。

1. 薪酬构成

表 6-1 薪酬构成

	薪酬构成	薪 酬 内 容
员工薪酬	月基本工资	额度固定，由职位所在薪酬等级确定，月度发放。
	月绩效工资	与基本工资存在一定的比例关系，最终依据个人业绩完成情况决定实际所得，季度考核，月度发放。
	津贴福利	福利项目依据国家、地方行业及企业规定支付。
	年终绩效工资	全年考核，年终发放的年度绩效工资。

2. 薪酬结构如图 6-3 所示：

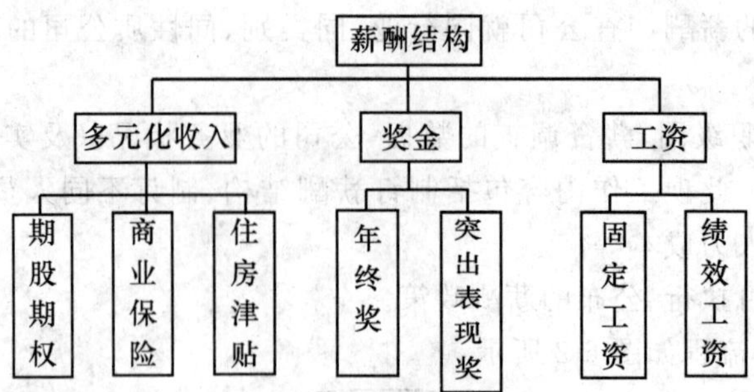

图 6-3 员工薪酬结构

表 6-2 员工薪酬结构表

<table>
<tr><th colspan="4">结构</th><th>说明</th></tr>
<tr><td rowspan="14">月度薪酬</td><td>岗位工资</td><td>岗位工资</td><td>岗位工资</td><td>依岗位等级不同</td></tr>
<tr><td>技能工资</td><td>技能工资</td><td>技能工资</td><td>依员工技能不同</td></tr>
<tr><td rowspan="8">津贴福利</td><td rowspan="5">各项津贴</td><td>本企业工龄补</td><td>每年 5 元</td></tr>
<tr><td>外企业工龄补</td><td>每年 1 元</td></tr>
<tr><td>学历工资</td><td>50～400 元</td></tr>
<tr><td>证件补助</td><td>本岗证书不补助,旁岗证书 20 元</td></tr>
<tr><td>职称补助</td><td>100～300(旁岗助工和工程师减半)</td></tr>
<tr><td rowspan="3">福利工资</td><td>医药补</td><td></td></tr>
<tr><td>子女补</td><td></td></tr>
<tr><td>伙食补</td><td></td></tr>
<tr><td rowspan="4">加班及特殊奖金</td><td rowspan="4">加班及特殊奖金</td><td>安全奖</td><td>前勤员工 100 元,班长 110 元;后勤员工 60 元,班长 70 元</td></tr>
<tr><td>周日上班工资</td><td>岗位日资×周日上班天数×2</td></tr>
<tr><td>值班费</td><td>每天 15 元,锅炉工 10 元</td></tr>
<tr><td>浮动工资</td><td></td></tr>
<tr><td>年底奖金</td><td></td><td></td><td></td><td></td></tr>
</table>

3. 福利如图 6-4 所示：

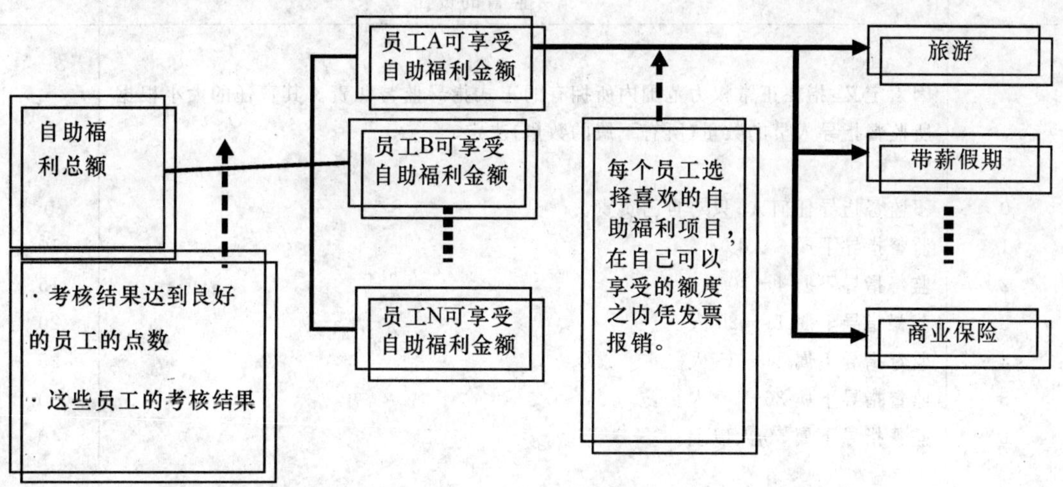

图 6-4　员工福利制度

4. 岗位评价定薪酬

利用因素计点法进行岗位评价时，通常将评价因素分为四个方面，即工作责任、知识技能、努力程度、工作环境因素，并将每一个方面分成若干子因素。

表 6-3　岗位评价因素与定义分级表

1　责任因素		
	1.1　风险控制的责任	分数
	因素定义：指在不确定的条件下，为保证贸易、投资、产品开发及其他项目顺利进行，并维持我方合法权益所担负的责任，该责任的大小以失败后损失影响的大小作为判断标准。	
0	无任何风险。	0
1	仅有一些小的风险。一旦发生问题，不会给公司造成多大影响。	20
2	有一定的风险。一旦发生问题，给公司所造成的影响能明显感觉到。	40
3	有较大的风险。一旦发生问题，会给公司带来较严重的损害。	60
4	有极大风险。一旦发生问题，对公司造成的影响不仅不可挽回，而且会致使公司经济危机及至倒闭。	80
	1.2　直接成本\费用控制的责任	
	因素定义：指在正确工作状态下，因工作疏忽而可能造成的成本、费用、利息等额外损失方面所承担的责任。	
1	不可能造成成本费用等方面的损失。	5
2	造成较小的损失。	15
3	造成较大的损失。	20
4	造成重大的损失。	25
5	造成不可估量的损失。	40

	1.3 指导监督的责任	
	因素定义：指在正常权力范围内所拥有的正式指导监督职责。其责任的大小根据所监督指导人员的数量(所有下属的数量)决定。	
0	不监督指导任何人，只对自己负责。	0
1	监督指导下属3人以下。	10
2	监督指导下属4—10人。	15
3	监督指导下属11—20人。	20
4	监督指导下属21—35人。	25
5	监督指导下属36—50人。	30
6	监督指导下属50人以上。	40
	1.4 内部协调责任	
	因素定义：指在正常工作中，需要与之合作共同顺利开展业务的协调活动。其责任的大小以所协调对象的所在层次、人员数量及频繁程度和失调后果大小作为判断基准。	
0	不需要与任何人进行协调，若有，也是偶尔与本部门的一般职工协调。	0
1	仅与本部门职工进行工作协调，偶尔与其他部门进行一些个人协调，协调不力一般不影响自己和他人的正常工作。	7
2	与本部门和其他部门职工有密切的工作联系，协调不力会影响双方的工作。	15
3	几乎与本公司所有一般职工有密切工作联系，或与部分部门经理有工作协调的必要。协调不力对公司有一定的影响。	22
4	与各部门的经理及负责人有密切的工作联系，在工作中需要保持随时联系和沟通，协调不力对整个公司有重大影响。	30
	1.5 外部协调的责任	
	因素定义：指在正常工作中需维持密切工作关系，以便顺利开展工作方面所负有的责任，其责任大小由对方工作重要性作为判断标准。	
0	不需要与外界保持密切联系。	0
1	需要与外界保持日常性、常规性联系。	10
2	需要与外界发生特别性联系。	20
3	需要与外部单位保持密切联系，联系的原因往往涉及重大问题或影响决策。	30

	1.6 工作结果的责任	
	因素定义:指对工作结果承担多大的责任。以工作结果对公司影响的大小作为判断责任大小的基准。	
1	只对自己的工作结果负责。	10
2	需要对自己和所监督指导者的工作结果负责。	15
3	对整个工作组的工作结果负责。	20
4	对整个部门的工作结果负责。	30
5	对整个公司的部分部门工作结果负责。	40
6	对全公司的工作结果负责。	55
	1.7 组织人事的责任	
	因素定义:指在正常工作中,对人员的考核、工作分配、激励等具有法定的权力。	
0	不负有组织人事的责任。	0
1	仅对个别职工有分配工作任务、考核和激励的责任。	10
2	对一般职工具有分配工作任务、考核和激励的责任。	25
3	对基层的负责人有分配工作任务、考核和激励的责任。	40
4	对中层领导具有分配工作任务、考核和激励的责任。	50
	1.8 法律上的责任	
	因素定义:指在正常工作中需要拟定和签署具有法律效力的合同,并对合同的结果负有相应的责任。其责任的大小视签约、拟定合同的重要性及后果的严重性作为判断基准。	
0	不参与有关法律合同(技术协议)的制定和签约。	0
1	需要偶尔拟定具有法律效力的合同条文(技术协议),并对结果负部分责任。	10
2	需要经常拟定具有法律效力的合同条文(技术协议),并对结果负部分责任。	15
3	工作经常需要审核各种业务或其他具有法律效力的合同(技术协议),并对结果负有全部责任。	20
	1.9 决策的层次	
	因素定义:指在正常的工作中需要参与决策,其责任的大小根据所参与决策的层次高低作为判断基准。	
1	工作中常做一些小的决定,一般不影响他人。	6
2	工作中需要做一些大的决定,只影响与自己有工作关系的部分一般职工。(相当于组长级)	12
3	工作中需要做一些对所属人员有影响的决策。(相当于副部长级)	18
4	工作中需要做一些大的决策,但须与其他部门负责人共同协商方可。(相当于部长级)	24
5	工作中需要参加最高层次决策。(相当于副总以上级)	30

2　知识技能因素		
	2.1　最匹配学历要求	
	因素定义：指顺利履行工作职责所要求的最适宜的学历要求，其判断基准按正规教育水平判断。	
1	高中、职业高中或中专毕业。	5
2	大学专科。	10
3	大学本科。	15
4	硕士。	20
5	博士。	30
	2.2　知识多样性	
	因素定义：指在顺利履行工作职能时需要使用多种学科、专业领域的知识。判断基准在于广博不在精深。	
1	不需要涉及其他学科知识。	7
2	需要相近专业知识的支持。	14
3	需要两门以内跨专业学科知识支持。	22
4	需要两门以上跨专业学科知识支持。	30
	2.3　熟练期	
	因素定义：指具备工作所需的专业知识的一般劳动力需多长时间才能胜任本职工作。	
1	3个月之内。	4
2	3—6个月。	8
3	6—12个月。	12
4	1—2年。	16
5	2年以上。	20
	2.4　工作复杂性	
	因素定义：指在工作中履行职责的复杂程度。其判断基准根据所需的判断分析、计划等水平而定。	
1	简单的、独自的工作。	8
2	只需简单的提示即可完成工作，不需计划和独立判断。	16
3	需进行专门训练才可胜任工作，但大部分时候仅需一种专业技术，偶尔需要进行独立判断或计划。	24
4	工作时需要运用多种专业技能，经常做独立判断和计划。	32
5	工作要求高度的判断力和计划性。	40

	2.5 工作经验	
	因素定义:指工作在达到基本要求后,还必须运用某种必须随经验不断积累才能掌握的技巧。判断基准是:掌握这种必需的技巧所花费的实际工作时间。	
1	3个月以内。	5
2	3—6个月。	10
3	6—9个月。	15
4	9—12个月。	20
5	1—2年。	28
6	2—5年。	36
7	5年以上。	40
	2.6 工作的灵活性	
	因素定义:指工作需要灵活处理事情的程度。判断基准取决于工作职责要求。	
0	属于常规性工作,很少或不需要灵活性。	0
1	大部分属于常规性工作,偶尔需要灵活处理一些一般性问题。	10
2	工作中一般属于常规性的,经常需要灵活性处理工作中所出现的问题。	20
3	工作中一大半属于非常规性的,主要靠自己灵活地按具体情况进行妥善处理。	30
4	工作非常规,需要在复杂多变的环境中灵活地处理重大的偶然性问题。	40
	2.7 语言应用能力	
	因素定义:指工作所要求实际运用的文字知识程度。	
1	一般信函、简报、便条、备忘录和通知。	10
2	报告、汇报文件,总结(非个人)。	15
3	公司文件或研究报告,或一般使用外语。	20
4	合同或法律条文,或熟练使用外语。	25
	2.8 数学或计算机知识	
	因素定义:指工作所要求的实际数字运算或计算机知识的水平。判断以常规使用的最高程度为基准。	
1	只需使用整数加减。	5
2	使用基本工具软件(办公自动化软件)。	10
3	使用计算机开发工具软件。	25

	2.9 专业技术知识技能	
	因素定义:指为顺利履行工作职责具备的专业技术知识素质和能力的效能要求。	
0	基本不需要专业技术知识。	0
1	只需要常识性的专业技术知识,该知识很容易被大家掌握。	10
2	工作所需要的专业技术知识要求较高,该知识很难被掌握。	20
3	该岗位所需要的专业技术知识要求非常高,该知识涉及公司的竞争能力。	40
	2.10 管理知识技能	
	因素定义:指为顺利履行工作职责具备的管理知识素质和能力的要求。	
0	工作简单,基本不需要管理知识。	0
1	工作需要基本的管理知识。	10
2	需要较强的管理知识和管理能力来协调各方面关系。	20
3	需要非常强的管理能力和决断能力,该工作影响到公司正常生产与经营。	35
	2.11 综合能力	
	因素定义:指为顺利履行工作职责具备的多种知识素质、经验和能力的总体效能要求。	
1	工作单一,无需特殊技能和能力。	10
2	工作规范化、程序化,仅需某方面的专业知识和技能。	20
3	工作多样化灵活处理问题要求高,需综合使用多种知识和技能。	35
4	非常规性工作,需在复杂多变的环境中处理事务,需要高度综合能力。	50
	3 努力程度因素	
	3.1 工作压力	
	因素定义:指工作本身给任职人员带来的压力。根据决策迅速性、工作常规性、任务多样性、工作流动性及工作是否被时常打断进行判断。	
1	极少迅速作决定,工作常规化,工作很少被打断或者干扰。	10
2	很少迅速作决定,工作速度没有特定要求,手头的工作有时被打断。	20
3	要求经常迅速做出决定,任务多样化,手头工作常被打断,或工作流动性强。	30
4	经常地迅速做出决定,任务多样化,工作时间很紧张,或工作流动性很强。	40

	3.2 脑力辛苦程度	
	因素定义:指在工作时所需注意力集中程度的要求。根据集中精力的时间、频率等进行判断。	
1	工作时以体力为主,心神、视力与听觉等随便。	6
2	工作时不须高度集中精力,只从事一般强度脑力劳动。	12
3	少数工作时间必须高度集中精力,从事高强度脑力劳动。	20
4	一般工作时间必须高度集中精力,从事高强度脑力劳动。	25
5	多数工作时间必须高度集中精力,从事高强度脑力劳动。	30
	3.3 工作地点稳定性	
	因素定义:指工作时是否经常变换工作地点,主要根据出差时间的长短进行判断。	
0	累计出差时间小于1个月/年。	0
1	累计出差时间1个月—3个月/年。	4
2	累计出差时间3个月—6个月/年。	8
3	累计出差时间6个月—9个月/年。	14
4	累计出差时间大于9个月/年。	20
	3.4 创新与开拓	
	因素定义:指顺利进行工作所必需的创新与开拓的精神和能力的要求。	
0	全部工作为程序化、规范化,无需开拓创新。	0
1	工作基本规范化,偶尔需要开拓创新。	15
2	工作时常需要开拓和创新。	30
3	工作性质本身即为开拓和创新的。	40
	3.5 工作紧张程度	
	因素定义:指工作的节奏、时限、工作量、注意力转移程度和工作所需对细节的重视所引起的工作紧迫感。	
1	工作的节奏、时限自己掌握,没有紧迫感。	10
2	大部分时间的工作节奏、时限自己掌握,有时比较紧张,但时间持续不长。	20
3	工作的节奏、实现自己无法控制,明显感到工作紧张。	30
4	为完成每日工作需要加快工作节奏,持续保持注意力的高度集中,每天下班时经常明显感到疲劳。	40

	3.6 工作均衡性	
	因素定义:指工作每天忙闲不均的程度。	
1	一般没有忙闲不均的现象。	7
2	有时忙闲不均,但有规律性。	14
3	经常有忙闲不均的现象,且没有明显的规律。	21
4	工作经常忙闲不均,而且忙的时间持续很长,打破正常的作息时间。	30
	4 工作环境因素	
	4.1 职业病或危险性	
	因素定义:因工作所造成的身体疾病,或工作本身可能对任职者身体所造成的危害。	
1	无职业病的可能,或没有可能对身体造成危害。	0
2	会对身体某些部位造成轻度伤害,或不注意可能造成人体轻度伤害。	6
3	对身体某些部位造成能明显感觉到的损害,或发生意外可造成明显伤害。	12
4	对身体某部位造成损害致使产生痛苦,或工作危险大,有可能造成很大伤害。	20
	4.2 工作时间特征	
	因素定义:指工作要求的特定起止时间。	
1	按正常时间上下班。	7
2	基本按正常时间上下班,偶尔需要早到迟退。	14
3	上下班时间视工作具体情况而定,但有一定事实上的规律,自己可以控制安排。	21
4	上下班时间根据工作具体情况而定,并无规律可循,自己无法安排控制。	30

5. 薪酬调查

市场薪酬调查流程如图 6-5 所示:

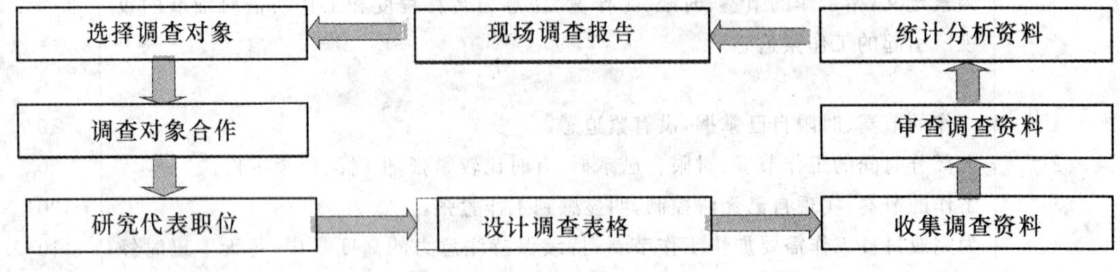

图 6-5 员工薪酬调查流程

按上图所示可把调查分为外部薪酬调查与内部薪酬调查。首先设计岗位调查表，然后设计薪酬调查问卷。

①外部薪酬调查

表 6-4 岗位调查表

岗位调查表

序号	岗位名称	所属部门	岗位主要职责	任职资格

表 6-5 薪酬调查问卷

(1)有关公司的基础资料			
公司名称		公司性质	
行业属性		上年销售收入	
员工人数		公司地址	
(2)有关个人基本情况调查			
您的姓名		性别	
出生年月		学历	
专业		所在部门	
来本企业时间		参加工作时间	
上次加薪时间		薪酬满意程度	
(3)有关个人收入情况调查			
基本薪酬	每月____元	岗位薪酬	每月____元
职务薪酬	每月____元	绩效薪酬	每月____元
年资薪酬	每月____元	通讯补贴	每月____元

②内部薪酬调查

安妮宝贝有限公司员工薪酬调查问卷

一、员工基本信息

姓名：　　　（可以不填）　　　　所属部门：　　（可以不填）

职位：　　　　　　　　　进入公司时间：

二、调查问题

1. 您对自己目前的薪酬(　　)

A. 非常不满意　B. 不满意　C. 一般　D. 比较满意　E. 非常满意

2. 您认为自己的付出与回报等值吗(　　)

A. 付出远大于回报　B. 付出稍大于回报

C. 等值　D. 回报稍大于付出

E. 回报远大于付出

3. 就您所在的职位,您认为薪酬中浮动工资的比例占到(　　)比较适合

A. 5%以内　B. 5%～10%

C. 10%～15%　D. 15%及以上

4. 与外部平均薪酬水平(同一职位)相比,您觉得自己的工资水平处于(　　)状态

A. 远低于市场平均水平　B. 略低于市场平均水平

C. 基本一致　D. 略高于市场平均水平

E. 高出市场平均薪酬水平的30%左右

5. 您觉得您的薪酬水平比与您同职位的老员工(　　)

A. 偏低　B. 基本相称　C. 偏高

6. 您觉得工资各个组成部分的比例设置是否合理(　　)

A. 非常不合理　B. 不太合理　C. 不确定　D. 基本合理　E. 非常合理

若选择A或者B,请予以说明

7. 您对自己薪酬涨幅的评价(　　)

A. 非常不满意　B. 不太满意　C. 一般

D. 基本满意　E. 非常满意

8. 对公司提供的福利总体满意度评价(　　)

A. 非常不满意　B. 比较不满意C. 基本满意

D. 比较满意　E. 非常满意

(1)若选择A或者B,请予以说明

(2)您希望公司再提供哪些福利项目

9. 您对加班工资的计算与支付感到(　　)

A. 非常不满意　B. 比较不满意C. 基本满意D. 比较满意　E. 非常满意

10. 您对公司奖金项目的计算与支付感到(　　)

A. 非常不满意　B. 比较不满意C. 基本满意D. 比较满意　E. 非常满意

11. 薪酬制度的设计是否合理(　　)

A. 非常不合理　B. 不太合理　C. 不确定　D. 基本合理　E. 非常合理

若选择A或者B,请予以说明

12. 您对目前公司实施的薪酬体系有何评价

13. 您觉得公司的薪酬制度对人才的吸引力(　　)

A. 很弱　　B. 较弱　　C. 不确定　D. 有一定的吸引力

E. 非常有吸引力

14. 对公司在薪酬管理工作方面的评价(　　)

A. 非常不满意　B. 不太满意　C. 一般　D. 基本满意　E. 非常满意

若选择 A 或者 B,请予以说明

15. 公司假期安排方面是否合理(　　)

A. 非常不满意,假期较少　B. 不太满意,制定的假期制度过于僵化

C. 一般　D. 基本满意

E. 非常满意,可以灵活休假

16. 您认为目前的薪酬制度对员工的激励作用(　　)

A. 非常小　B. 较小　C. 一般　D. 较强　E. 非常强

17. 您对公司薪酬支付的及时性与准确性评价(　　)

A. 薪酬的支付经常拖延　B. 基本准时、准确

C. 比较满意　D. 很好

18. 你认为公司中哪些部门人员的薪酬水平偏高:

6. 岗位工资

岗位工资是根据员工所在岗位、所任职务或者所在职位的工作强度、管理职责的大小和工作条件,并兼顾工作技能要求的高低而确定的工资。确定岗位工资的前提是进行工作分析和岗位评价,在此基础上进行层级关系的确定和薪酬系数的设计。在调查同行业基本薪酬和劳动力市场的一般价格后,确定本公司的岗位工资基数,然后用某个特定岗位的薪酬层级系数乘以工资基数,就得到了该岗位的岗位工资。

表 6-6　员工岗位工资体系

<table>
<tr><th>层级</th><th>决策人员</th><th>管理部门</th><th>技术部门</th><th>经营部门</th><th>后勤部门</th><th>层级系数</th></tr>
<tr><td>A1</td><td>总经理</td><td colspan="4" rowspan="2">公司的部门负责人</td><td></td></tr>
<tr><td>A2</td><td>副总经理</td><td></td></tr>
<tr><td>B1</td><td rowspan="12">·</td><td rowspan="6">部门经理、副经理、经理助理等</td><td rowspan="6">部门经理、副经理、经理助理等</td><td rowspan="6">部门经理、副经理、经理助理等</td><td rowspan="3"></td><td></td></tr>
<tr><td>B2</td><td></td></tr>
<tr><td>B3</td><td></td></tr>
<tr><td>B4</td><td rowspan="3">部门经理、副经理、经理助理</td><td></td></tr>
<tr><td>B5</td><td></td></tr>
<tr><td>B6</td><td></td></tr>
<tr><td>C1</td><td rowspan="6">主任、主管、培训师、分析员等</td><td rowspan="6">主管、项目负责人、高级工程师、分析师等</td><td rowspan="6">业务主管、高级客户代表等</td><td rowspan="3"></td><td></td></tr>
<tr><td>C2</td><td></td></tr>
<tr><td>C3</td><td></td></tr>
<tr><td>C4</td><td rowspan="3">主任、主管等</td><td></td></tr>
<tr><td>C5</td><td></td></tr>
<tr><td>C6</td><td></td></tr>
</table>

续表

<table>
<tr><td>D1</td><td rowspan="12"></td><td rowspan="6">高级办事员、行政助理等</td><td rowspan="6">技术员、分析员、技术助理等</td><td rowspan="6">高级业务员、产品代理人等</td><td rowspan="6">业务员、专门业务负责人等</td><td></td></tr>
<tr><td>D2</td><td></td></tr>
<tr><td>D3</td><td></td></tr>
<tr><td>D4</td><td></td></tr>
<tr><td>D5</td><td></td></tr>
<tr><td>D6</td><td></td></tr>
<tr><td>E1</td><td rowspan="6">一般员工</td><td rowspan="6">一般员工</td><td rowspan="6">一般员工</td><td rowspan="6">一般员工</td><td></td></tr>
<tr><td>E2</td><td></td></tr>
<tr><td>E3</td><td></td></tr>
<tr><td>E4</td><td></td></tr>
<tr><td>E5</td><td></td></tr>
<tr><td>E6</td><td></td></tr>
</table>

表 6-7 员工薪酬结构

<table>
<tr><th colspan="4">结　构</th><th>说　明</th></tr>
<tr><td rowspan="14">月度薪酬</td><td>岗位工资</td><td>岗位工资</td><td>岗位工资</td><td>依岗位等级不同</td></tr>
<tr><td>技能工资</td><td>技能工资</td><td>技能工资</td><td>依员工技能不同</td></tr>
<tr><td rowspan="8">津贴福利</td><td rowspan="5">各项津贴</td><td>本企业工龄补</td><td>每年 5 元</td></tr>
<tr><td>外企业工龄补</td><td>每年 1 元</td></tr>
<tr><td>学历工资</td><td>50～400 元</td></tr>
<tr><td>证件补助</td><td>本岗证书不补助，旁岗证书 20 元</td></tr>
<tr><td>职称补助</td><td>100～300(旁岗助工和工程师减半)</td></tr>
<tr><td rowspan="3">福利工资</td><td>医药补</td><td></td></tr>
<tr><td>子女补</td><td></td></tr>
<tr><td>伙食补</td><td></td></tr>
<tr><td rowspan="4">加班及特殊奖金</td><td rowspan="4">加班及特殊奖金</td><td>安全奖</td><td>前勤员工 100 元，班长 110 元；后勤员工 60 元；班长 70 元</td></tr>
<tr><td>周日上班工资</td><td>岗位日资×周日上班天数×2</td></tr>
<tr><td>值班费</td><td>每天 15 元，锅炉工 10 元</td></tr>
<tr><td>浮动工资</td><td></td></tr>
<tr><td>年底奖金</td><td></td><td></td><td></td><td></td></tr>
</table>

7. 员工工资核算

表 6-8 员工工资核算表

姓名	所在部门	基本工资	津贴	奖金	加班工资	出勤天数	其他应发工资	代扣工资		应发工资	实发工资
								所得税	保险		

8. 员工出勤工薪核算表

表 6-9 安妮宝贝有限公司出勤工薪核算表

编号		姓名		部门					
		年	月				年	月	
日期	上午	下午	加班	小计	日期	上午	下午	加班	小计
1					16				
2					17				
3					18				
4					19				
5					20				
6					21				
7					22				
8					23				
9					24				
10					25				
11					26				
12					27				
13					28				
14					29				
15					30				
					31				
小计	×=						应加额		
津贴	×=				餐费				
奖金	×=				所得税				
加班费					劳保费				
点心费					借款				
					小计				
合计					实支				

9. 工作奖金核定表

表 6-10 安妮宝贝有限公司工作资金核定表

本月营业额		本月净利润		利润率	
可得奖金		调整比率		应发奖金	

	单位	姓 名	职 别	奖 金	单 位	姓名	职别	奖金
奖金核定								

	本月净利润	可得 奖 金	本月营业额	目标利润提高比率
奖金核定标准	10 万以上	0	400 万以下	0%
	10～20 万	200	400～500 万	10%
	20～30 万	400	500～600 万	20%
	30～40 万	600	600～700 万	30%
	40～50 万	800	700～800 万	40%
	50 万以上	每增 10 万增加 200 元	800 万以上	50%

10. 薪酬调整管理

它包括一般员工调薪表和新员工调薪表。

表 6-11 一般员工调薪表

<table>
<tr><td>姓名</td><td></td><td>年龄</td><td></td><td>学历</td><td></td></tr>
<tr><td>所在岗位</td><td></td><td>所属部门</td><td></td><td>进入公司时间</td><td></td></tr>
<tr><td>调薪原因</td><td colspan="5">□试用合格予以转正 □晋升调薪 □调职调薪 □年度调薪
其他(请注明)________________</td></tr>
<tr><td rowspan="5">异动情况</td><td colspan="2">内容</td><td colspan="2">调薪前</td><td>调薪后</td></tr>
<tr><td colspan="2">职位</td><td colspan="2"></td><td></td></tr>
<tr><td colspan="2">职位等级</td><td colspan="2"></td><td></td></tr>
<tr><td colspan="2">薪酬水平</td><td colspan="2"></td><td></td></tr>
<tr><td colspan="2">薪资级别</td><td colspan="2"></td><td></td></tr>
<tr><td>人力资源部意见</td><td colspan="5"></td></tr>
<tr><td>总经理审批</td><td colspan="5"></td></tr>
</table>

表 6-12 新员工调薪表

<table>
<tr><td>姓名</td><td></td><td>年龄</td><td></td><td>学历</td><td></td></tr>
<tr><td>所在岗位</td><td></td><td>所属部门</td><td></td><td>进入公司时间</td><td></td></tr>
<tr><td>调薪原因</td><td colspan="5">□试用合格予以转正 □晋升调薪 □调职调薪 □年度调薪
其他(请注明)________________</td></tr>
<tr><td>试用期工作表现评价</td><td colspan="5">部门经理:
日期:</td></tr>
<tr><td>试用期待遇</td><td colspan="5"></td></tr>
<tr><td>转正后待遇</td><td colspan="5"></td></tr>
<tr><td>人力资源部意见</td><td colspan="5"></td></tr>
<tr><td>总经理审批</td><td colspan="5"></td></tr>
</table>

11. 销售人员薪酬管理

安妮宝贝有限公司营销人员薪酬管理办法

营销人员分为营销部经理→大区经理→区域经理→业务主管→业务代表五级。

一、薪资办法

(一)薪资构成

薪资总额=基本工资+岗位工资+绩效工资+驻外补贴+通讯补贴+奖金(提成)+工龄工资

岗位	基本工资(元)	岗位工资(元)	绩效工资基数(元)	驻外补贴(元/天)	通讯补贴(元/月)
业务代表	400	—	400	20	50
业务主管	400	50	550	30	100
区域经理	400	100	700	40	200
大区经理	400	200	800	50	300

1. 基本工资、岗位工资按实际出勤天数发放;

2. 绩效工资=回款完成率×绩效工资基数×60%+销售完成率×绩效工资基数×30%+销售考核分数×(绩效工资基数÷10)

(1)回款完成率=当月实际回款÷回款任务(最高按100%计算)

(2)销售完成率=当月实际销售额÷销售任务(最高按100%计算)

(3)连续3个月未完成基本销售任务,绩效工资基数下降30%,连续3个月未完成基本销售任务80%,调离销售岗位或予以辞退

3. 销售考核分数具体评分标准如下:

A. 当月回款排名奖0至3分,当月销售回款额排名与上月销售回款额排名,名次每前进一名,则加1分,加满3分为止。如名次后退或没改变则不得分;

B. 客户管理3分,新增有回款客户1家,加1分,丢减客户1家减1分;

C. 报表考核4分,每少一份(或信息不合格),按要求所交报表总数扣减相应分数;

D. 工作态度、纪律情况考评—3分至3分。

4. 驻外补贴指到温州市以外的地、州开展工作,每月按实际驻外工作天数发放的补贴,本地招聘人员无补贴。

驻省外地区的补贴每天增加10元。

5. 奖金(提成)按每月销售回款按品种类别计算提取。

产品类别	业务代表	业务主管	区域经理	大区经理	营销经理
A类	1.50%	0.90%	0.30%	0.20%	0.10%
B类	1%	0.50%	0.20%	0.10%	—
C类	0.50%	0.25%	0.10%	0.05%	—
D类	—	—	—	—	—

6. 工作年限满一年以上的，工龄工资每月按30元/每年计算。

(二)新聘人员

新聘人员有一周左右的培训期，基本待遇20元/天，无考核。

新聘人员试用期1—3个月，业务代表基本工资和绩效工资基数按70%计算，第一个月无销量和回款考核，第二、三个月按任务50%考核，完成任务80%以上即可转为正式员工。

新聘业务代表以上岗位人员，试用期按下一级别岗位薪资标准和考核，转正后按相应级别发放薪资并考核，连续两个月考核不合格，降为下一级；业务代表连续三个月考核不合格，解除劳动关系(完成任务80%以下即为考核不合格)。

附：安妮宝贝有限公司薪酬管理实施细则

安妮宝贝有限公司薪酬管理实施细则

第1章 总则

第1条 目的

为了把员工个人业绩和团队业绩有效地结合起来，制定适合市场运作的薪酬体系，激发员工潜能，形成留住人才和吸引人才的机制与氛围，特制定本制度。

第2条 职责划分

1. 人力资源部负责薪酬管理制度的制定、宣传解释和监督执行。

2. 总经理负责本制度的批准，修订时亦同。

第3条 适用范围

本制度适用于公司正式员工的薪酬管理，总经理除外。

第2章 薪酬构成

第4条 岗位工资

岗位工资从岗位价值和员工的经验积累方面体现了员工的贡献。岗位工资的额度主要取决于员工的岗位性质和工作内容。本公司以工作分析与岗位评估的结果为依据，采取"岗位分等、等内分级、一岗多薪"的原则确定员工的岗位工资。

第5条 技能工资

技能工资是公司依据员工的学历、职称和工作经验等确定的工资单元。

第6条 绩效工资

绩效工资是公司根据年度内员工绩效考核的结果确定的工资单元，其内容主要包括：绩效奖金、年终奖和其他特殊奖金。

第7条 福利

本企业提供的福利主要包括国家强制性社会保险、补充保险和公司为员工提供的出差、住房、交通、食宿等方面的补助。

第3章 员工工资的确定

第8条 岗位工资的确定

1. 公司员工岗位工资的计算公式为：月岗位工资=月岗薪基数×岗位系数。

2. 公司员工的月工资基数由人力资源部根据企业承受能力和岗位相对价值测算得出，

一经确认，无特殊原因当年度内不予调整。

第9条　技能工资的确定

1.公司技能工资的计算公式为：月技能工资＝月技能工资基数×岗位系数。

2.各岗位的技能工资基数由人力资源部根据企业承受能力和岗位相对价值测算得出，一经确认，无特殊原因不予调整。

第10条　绩效奖金的确定

1.公司员工绩效奖金的计算公式为：月绩效奖金＝月奖金基数×岗位系数×员工个人考核系数。

2.年终奖金的确定

(1)公司非项目人员年终奖金的计算公式为：员工年终奖金＝固定工资×年终奖金系数×年终个人绩效考评系数。

(2)公司项目人员年终奖金的计算公式为：员工年终奖金＝固定工资×年终奖金系数×T/8×年终个人绩效考评系数(T表示当年度内项目工作的总时间，公司以8个月为基准)

(3)年终奖金总量由人力资源部根据公司当年度的利润、年度经营目标的实现情况，以及公司下年度的预算计划确定。

第11条　其他特殊奖金

1.创新奖

(1)创新奖的奖励对象包括以下两个方面。

①对工作改善、提高工作效率、改善生产和管理流程有突出贡献的人员。

②在产品研发和技术改善方面有突出贡献的人员。

(2)创新奖由公司各职能部门申报，经人力资源部评审后给予一次性奖励，并计入绩效考核档案。

(3)创新奖励金额为____～____元。

2.优秀建议奖

(1)在公司发展、产品生产、部门管理等方面提出建议，建议被采纳的员工，人力资源部进行评审，并根据建议效果给予一次性奖励，并计入绩效考核档案。

(2)优秀建议奖奖励金额为______～______元。

3.特殊贡献奖

(1)公司对除以上情形外，做出特殊贡献、付出超额劳动的员工，均给予合理的奖励。如卓越贡献奖、见义勇为、助人为乐等奖项。

(2)特殊贡献奖的奖励金额为______～______元。

第12条　保险福利

1.为吸引和留住优秀人才，增强公司的凝聚力，公司根据国家的法律法规和公司的经营状况为员工提供相关的保险福利。

2.公司员工福利项目

(1)社会保险

根据国家和地方相关规定予以执行。

(2)交通补贴

公司每月发放给员工交通补贴______元。

(3)节日津贴

每逢春节、中秋节等节日,公司发放给员工______元节日津贴。

(4)带薪休假

①在公司工作1～5年的员工,享有______天带薪年休假。

②在公司工作5～10年的员工,享有______天带薪年休假。

③在公司工作10年以上的员工享有______天带薪年休假。

第4章　附则

第13条　公司于每月____号发放工资。

第14条　本制度自发布之日起执行。

项目七

员工激励管理

业务导入

安妮宝贝有限公司有效调动全体员工的积极动机，引导员工形成良好的行为，以更好地完成公司的战略目标。

工作任务一　公司员工激励管理

公司人力资源部采取正激励、负激励，物质、非物质激励等手段激发员工积极性。

一、操作指南

1. 激励的行为过程模式，如图 7-1 所示

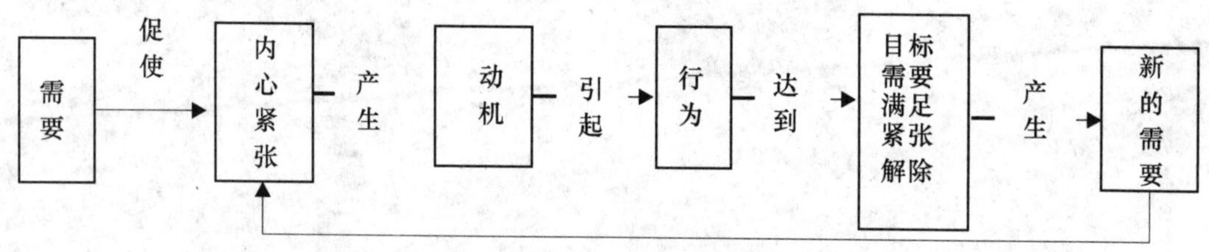

图 7-1　激励的行为过程模式

2. 员工激励理论包括内容型激励理论和过程型激励理论

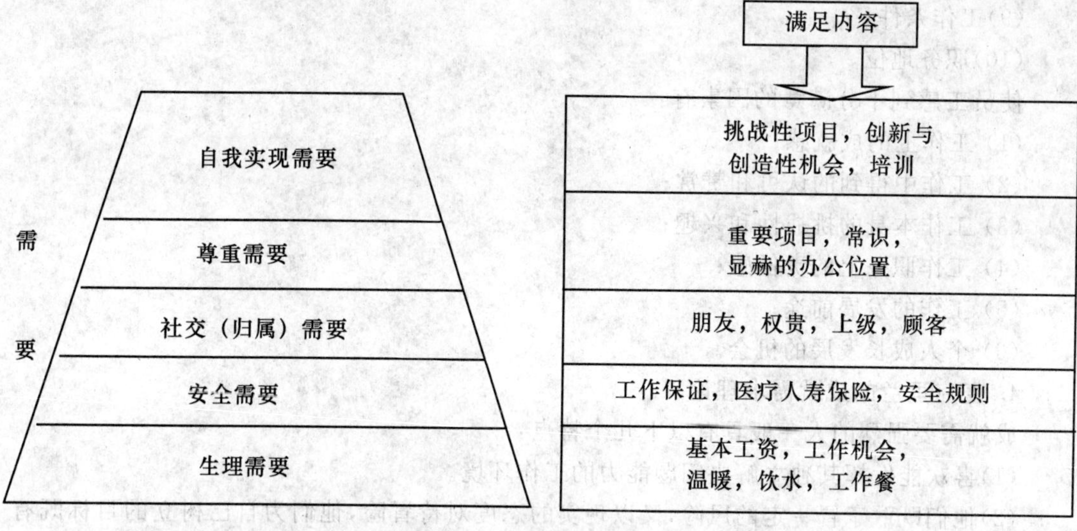

图 7-2　马斯洛需要层次论

表 7-1　需要层次与激励管理措施

需要的层次	诱因(追求的目标)	管理制度与措施
1. 生理需要	薪水、健康的工作环境、各种福利	身体保健(医疗设备)、工作时间(休息)、住宅设施、福利设备。
2. 安全需要	职位的保障、意外的防止	职务保障、退休金制度、健康保险制度、意外保险制度。
3. 社会需要	友谊(良好的人群关系)、团体的接纳、与组织的一致	利润分配制度、团体活动制度、互助金制度、娱乐制度、教育训练制度。
4. 尊重需要	地位、名分、自尊、权力、责任、与他人薪水之相对高低	人事考核制度、晋升制度、表彰制度、奖金制度、选拔进修制度、委员会参与制度。
5. 自我实现的需要	能发展个人特长的组织环境，具有挑战性的工作	决策参与制度、提案制度、研究发展计划、劳资会议。

3. 赫兹伯格双因素理论

赫兹伯格归纳员工非常不满的因素有：

(1)公司的政策和制度；

(2)技术监督；

(3)与上级之间的人事关系；

(4)与同级之间的人事关系；

(5)与下级之间的人事关系；

(6)工资；

(7)职务保障；

(8)个人生活；

(9)工作条件;

(10)职务地位。

使员工感到十分满意的因素有:

(1) 工作上的成就感;

(2) 工作中得到的认可和赞赏;

(3) 工作本身的挑战性和兴趣;

(4) 工作职务上的责任感;

(5) 工作的发展前途;

(6) 个人成长发展的机会。

4. 麦克里兰的成就需求理论

成就需要强烈的人一般具有以下几个特点:

(1)喜欢能发挥其独立解决问题能力的工作环境。

(2)他们既敢于冒一定的风险,又以现实的态度对待冒险,他们为自己树立的目标既有一定的挑战性(难度),但又不是高不可攀。

(3)他们强烈要求对其工作有明显的和不断的反馈。

5. 公平理论(Equity theory)

表 7-2 公平理论

比率比较	感觉	行为
$O_A/I_A < O_B/I_B$	报酬过低产生不公平感、被剥夺感	行为改变
$O_A/I_A = O_B/I_B$	公平感或满意感	行为不变
$O_A/I_A > O_B/I_B$	报酬过高产生不公平感或自豪或内疚感	行为改变

员工可能把自己与朋友、邻居、同事或其他组织成员相比较,也可能与自己过去的工作经验相比较。常用来比较的有四种参照对象:

自我——内部:员工在组织中过去的中产出/投入比

自我——外部:员工在其他组织中的产出/投入比

别人——内部:同一组织中其他人的产出/投入比

别人——外部:其他组织中其他人的产出/投入比

根据公平理论,当员工感到不公平时,他们可能采取以下几种做法以期实现公平:

(1)改变自己的投入。(如,不再像以前那么努力工作)

(2)改变自己的产出。(如,通过降低质量来增加产量以期增加报酬)

(3)改变自我感知。(如,我曾以为只要努力工作就能得到认可,但现在我意识到仅仅努力工作是不够的)

(4)改变对其他人的看法。(如,小李的工作能力还是很强的)

(5)选择另一个参照对象进行比较。(如,我虽然不如小李,但我比小张强多了)

(6)离职。(如辞去现在的工作)

6. 期望理论

基本模式:

激发力量=目标效价×期望理论

激发水平是指动机的强度，即调动一个人的积极性，激发其内在的强度。只有它达到一定水平，人们才会从意愿、愿望转化成强烈的动机并引起行为。目标效价是指目标对于满足个人需求的价值，即目标对于个人的重要程度，就是个体对成果或目标之有用性的主观设计。当个人对成果或目标漠不关心时，效价值为0；当个人宁可不要出现这种结果时，效价为负值；反之，当个人多少希望达到结果时，效价就为正值，当个人强烈希望期待出现预期结果时，效价值就很高。总之，只有效价值大于0时，个人才会有一定的动力。效价值越高，动力也越大。

期望值是指采取某种行为可能导致的结果和某种需求的概率，即采取某种行为对现实目标可能性的大小。期望是一种概率，其数值范围由0→1，即0≤期望值≤1。与效价概念相似，当期望值=1时，个人认为有完全成功的把握，动力最大。

效价与期望值不同的结合，决定着不同的激励强度。

期望值高×效价高=激励高　　强激励；

期望值中×效价中=激励中　　中激励；

期望值低×效价高=激励低　　弱激励；

期望值高×效价低=激励低　　弱激励；

期望值低×效价低=激励低　　极弱激励或无激励。

7. 员工激励的原则

原则之一：激励要因人而异

原则之二：奖惩适度

原则之三：公平性

原则之四：奖励正确的事情

8. 员工激励的方法

根据激励的性质不同，把激励分为：成就激励、能力激励、环境激励和物质激励。

(1)成就激励分为组织激励、榜样激励、荣誉激励、绩效激励、目标激励和理想激励六个方面。

(2)能力激励分为培训激励和工作内容激励。

(3)物质激励的内容包括工资、奖金和各种公共福利等。

(4)工作环境激励。

二、体验活动

在工作任务引领下，基于操作指南的基础上，进行员工需求调查问卷、制定员工激励措施表、员工激励管理方案、员工奖惩管理规定、奖惩管理相关表格五项体验。

1. 员工需要调查问卷

安妮宝贝有限公司员工需要调查问卷

一、请填写您的基本情况(请在相应内容番号上打“√”或请填上相应内容)

1. 身份性质：(1)正式员工　　(2)招聘员工

2. 性别：(1)男　　(2)女

3. 年龄 ________岁(请填上)

4. 学历:(1)研究生及其以上　(2)本科　(3)专科　(4)高中或中专　(5)初中及其以下

5. 工作性质:(1)装机维护人员　(2)技术人员　(3)销售人员　(4)管理人员

6. 家庭人口数:________人(请填上)

7. 爱人是否有固定工作:(1)有　(2)无

8. 子女是否在校学习:(1)是　(2)否

9. 子女是否工作:(1)是　(2)否

二、请在下面表格中相应栏目上打"√",如果你有其他的重要需要也可补充在表内,并在相应的栏目上打"√"。

很需要	比较需要	一般	较不需要	很不需要	
参与管理					
工作环境					
受到重用					
福利待遇					
养老保险					
学习进修					
稳定工作					
家庭美满					
发挥特长					
有所成就					

三、请用简短的话回答,在上述需要中你的第一需要是什么?为什么?

四、请用简短的话回答:你认为单位应该如何满足员工的需要?

2. 制定员工激励措施表

表 7-3

分类			需要层次	激励措施
一般激励因素	1	成长		
	2	成就		
	3	提升		
	4	认同		
	5	地位		
	6	尊重		
	7	志同道合		
	8	爱护关心		
	9	友谊		
	10	安全		
	11	保障		
	12	信任		
	13	稳定		
	14	食物		
	15	住所		

3. 员工激励管理方案

安妮宝贝公司员工激励管理指导方案

一 总 则

第一条 为充分调动员工积极主动性，树立其长期为公司服务的意识，增强公司凝聚力，以及对优秀人员的吸引力，特拟定本方案。

第二条 公司员工激励计划包括：年终奖、销售提成、晋升(级)、绩效奖、优秀员工奖、出国旅游奖励、项目完成奖、免费进修计划、退休金计划等。

第三条 本方案为指导性方案，具体实施依据具体的单项管理办法，但须在本方案原则下执行。

第四条 本方案的制订、修改以及单项管理办法的制订均由人力资源部进行。

第五条　本方案及单项管理办法经总经理批准后实施。

二　短期激励计划

第六条　绩效奖:具体见《绩效考核管理办法》

第七条　销售提成:仅针对置业顾问,具体见文件《关于营销部销售提成比例的回复》

第八条　晋升(级):具体见《员工晋升管理办法》

第九条　年终奖:公司其他员工在完成年度目标的情况下,公司根据当年效益发放奖金,但当年12月1日前离职的人员公司不发放该项奖金。具体办法由人力资源部于每年12月中旬制订。

第十条　优秀员工奖:公司鼓励并表彰员工为公司服务尽责尽力的行为,每年12月底按一定比例评选公司优秀员工,并颁发荣誉证书和1000元奖金。员工参选优秀员工须同时具备以下条件:

1)必须在当年元月一日前进入公司,即服务年限满一年。

2)绩效考核有十个月以上被评为A等。

3)当年功过抵消。

第十一条　出国旅游奖励:符合以下条件的员工可获得次年3月份免费出国旅游(韩国游或新、马、泰游)。

对于营销公司五等(主管级)及以上人员,当年总销售计划完成率达150%以上。

三　中期激励计划

第十二条　项目完成奖:对于项目部人员其他部门参与该项目的员工,在该项目按质按量按时完成的情况下,公司发放给相关人员奖金,办法另行制订。

第十四条　进修计划:对于服务年限满二年以上的公司员工,其在三年后因获得学历、学位、职称所发生的学费、考试费均可到公司报销。对于公司根据人力发展规划中的后备骨干,公司可依实际需要委托高校予以专业培养,学费由公司承担。

四　长期激励计划

第十三条　退休金计划:对公司员工服务年限满五年者,公司从其任职第六年起,每年为其存入相当本人一月基本工资金额到专门账户作为个人退休金,若其一直服务到退休之日(男满60周岁,女满55周岁),则公司一次性将个人退休金连本带息支付给员工。若员工服务未满10年离开公司,则不能领取退休金,若员工服务满10年不满20年离开公司,则只能领取存入退休金总额的60%,若员工服务满20年后离开公司,则不论是否达到退休年龄,均可领取全额退休金。

4. 员工奖惩管理规定

安妮宝贝公司员工奖惩管理暂行规定

第一节 总 则

第一条 为维护公司正常的工作秩序，教育员工遵守国家法律法规，遵守社会公德，遵守公司各项规章制度。根据中华人民共和国《劳动合同法》、《公司法》、《工会法》、《妇女权益保障法》，并结合公司实际情况特制定本管理规定。

第二条 公司所有员工必须严格遵守国家的政策、法律、法令，遵守公司的各项规章制度和劳动纪律。爱护公共财产，学习和掌握本职工作所需要的专业技术知识和技能，团结合作，完成工作任务。

第三条 公司实行思想政治工作同经济手段相结合，坚持奖励为主、处罚为辅的奖惩制度。坚持精神奖励和物质奖励相结合，对有突出贡献的员工给予重奖；对于初次违反劳动纪律和规章制度的员工，采取批评教育为主、惩罚为辅的方法；将故意违反和过失行为严格区分，对明知故犯、屡教不改的员工，严肃处理，直至停岗或解除劳动合同。奖励和处罚应当记入《员工考核档案》。

第四条 制定奖惩规定的目的是鼓励员工努力奋进，做出更大成就，防止和纠正员工的违法失职行为，保证顺利地实现目标。

第五条 奖惩工作的基本原则：

1. 奖惩分明：在贯彻奖惩制度时，要做到有功必奖，有过必罚，执法要公正严明。

2. 奖惩适当：在实施奖惩中，要做到功奖相称，过罚相当。在工作中从实际出发，以事实为依据，以有关的政策、法规和制度为准绳，克服主观主义；同时搞好调查研究，倾听群众意见，切忌轻信臆断。

3. 奖主惩辅：在奖惩工作中，把奖励放在第一位，把惩罚放在第二位，以奖为主，以惩为辅。

4. 注重时效：在奖惩工作中，应及时有效，通过表彰先进，激励一批人；通过严肃纪律，教育一批人。

第六条 本规定适用于公司所有员工。

第二节 奖励的实施

第七条 员工奖励条件：对于有下列表现之一的员工，应由直接主管领导申报，公司人事管理部门按程序报批后，予以奖励：

（一）提出的合理化建议，经采纳施行后有效，对本公司业务有特殊功绩或贡献的；

（二）对于危害本公司权益之事，能事先发现或及时制止或提供线索，而使公司减少或免受损失的；

（三）突发或非突发事件，临时处理措施得当或奋勇救护保全公物或人命的；

（四）维护公司利益，敢于同坏人坏事作斗争，成绩显著的；

（五）销售业绩突出的；

（六）被评为优秀员工、优秀管理者或其他各类表彰的；

（七）领导有方，使公司业务发展获取较大利润的。

第八条　奖励的种类。对公司员工奖励的种类如下：

（一）晋升；

（二）记大功。年度内记大功两次的给予加薪；

（三）记小功。记小功二次为记大功一次；

（四）嘉奖：嘉奖二次作为记小功一次；

（五）奖状；

（六）通报表扬；

（七）奖金。一次性发放。在给予上述奖励的同时，可以发给一次性奖金。

第九条　奖励的程序。

1. 由部门提出申请报告。奖励报告应该包括：

(1)在什么地方做出了贡献；

(2)所做的贡献影响如何，即贡献对经营销售或对社会的影响有多大；

(3)成绩是个人做出的还是集体做出的；

(4)建议给予何种奖励。

2. 奖励报告应力求语言清晰，材料具体。主管副总审批后，交公司人事管理部门，由公司人事管理部门联合公司工会共同调查、核实情况。在调查核实过程中可对申请报告进行审查和补充，为奖励决策提供事实依据。

3. 根据调查情况，由公司人事管理部门根据本规定提出奖励建议，并上报公司总经理办公会研究决定。

4. 奖励决策做出以后，由公司人事管理部门下文，工会按决定实施奖励，奖励决定放入个人人事档案存档并记入个人员工考核档案。

第三节　奖励细则

第十条　对于有下列表现之一的员工，应当给予奖励：

（一）在对外经营和社会活动中，由于员工突出表现，给公司赢得声誉和利益的，给予100～500元的奖励。

（二）在保护公司财产，防止或者避免事故的发生，使公司和员工利益免受重大损失的有功人员，给予100～500元的奖励。对做出重大贡献者，给予重奖。

（三）敢于同坏人坏事作斗争，对维护正常生产秩序、工作秩序和维护公司的安全，做出显著成绩的，给予100～500元的奖励。对做出重大贡献者，给予重奖。

（四）对于抓获偷盗分子的非保卫部门或者个人，举报或提供线索的，将根据挽回损失的额度，给予相应的经济奖励。

（五）对违反公司保密制度的人和事敢于揭露，对泄密行为及时制止的，给予100～500元的奖励。

（六）对违反公司规章制度的部门或者个人进行举报，公司将根据挽回损失的额度给予一定的奖励。

（七）被省、市政府、主管部门授予奖励的部门或者个人，公司将给予一定的奖励。

第十一条　公司对各管理部门实施目标管理，对完成目标较好的部门和个人，将给予相应的奖励。

第十二条　对一般奖励，属公司各管理部门的，由部门负责人提名，分管副总审核，经公司总经理批准。

第四节　惩　处

第十三条　惩处的种类。对公司员工惩处的种类如下：

（一）扣绩效工资：视错误情节给予10～200元内的一次性扣发当月绩效工资；

（二）通报批评：通报批评二次作为警告一次；

（三）警告：一年内警告二次作为记过一次；

（四）记过：一年内记过二次作为记大过一次；

（五）记大过：一年内记大过两次开除；

（六）停职检查；

（七）停岗培训；

（八）降职；

（九）撤职；

（十）开除。

第十四条　惩罚的一般程序如下：

（一）员工出现违纪行为，所在部门首先要认真调查、取证，保证证据充分，事实清楚。在充分了解事实材料的基础上，按照本规定，由部门负责人提出惩处报告，连同违纪人员书面检讨书（或两人及以上其他人员的书面证明材料），关于违规处理的谈话记录一起上交公司人事管理部门。惩处报告的内容包括：(1)违纪的性质；(2)违纪的过程；(3)违纪的时间、地点、涉及人数及重犯次数；(4)惩罚意见。

（二）公司人事管理部门对证明材料、违纪事实及处理意见进行复核，不符合要求的，退回部门重新核办，复核通过的，作出惩罚决定，报相关领导审核后执行。重大事件需报公司专题会议研究通过。

（三）惩罚决定下发当事人及有关部门，结果记入违纪人员《员工考核档案》及人事档案。

（四）如被惩罚的人对决定不服，允许申诉。可在公布处分后十日内向人事管理部门或工会提出书面申诉。申诉不得扣压，应认真复议。但在未作出改变原处分的决定以前，仍要按原处分决定执行。

第十五条　关于惩罚的几点要求：

（一）违纪解除劳动合同的员工，公司各单位不得再录用。

（二）停岗培训期限为1～3个月，停岗培训期间到公司指定岗位培训学习或工作。停岗培训期满后，本人可提出申请，经人事管理部门审核，分管领导审批，给予安排工作或自行找岗。如当月未找到工作岗位，由人事主管部门为其安排岗位，如果仍然表现不好或不愿接受，给予解除劳动合同。

（三）受到降职和撤职处分，其工资按降职和撤职后的岗位工资标准执行。

（四）警告、记过、记大过处分。警告处分扣除当月的绩效工资；记过处分后三个月内，扣除绩效工资,记大过处分后半年内,扣除绩效工资。

(五)停职期间到本单位指定地点反省、检讨,发放所在地在岗职工最低工资标准。

第十六条 惩罚处理权限

(一)停职检查:7天以内,部门负责人批准处理,7天以上须报分管副总批准处理。部门正职对副职提出停职检查处理意见后,须报分管副总批准。停职报告报公司人事管理部门复核批准后执行。

(二)通报批评由各部门自行处理。罚款交公司财务,由公司人事主管部门开具罚款单。

(三)警告以上(含警告)处分,由公司人事主管部门报经总经理批准后执行。

第五节 惩处细则

第十七条 本公司员工惩处有:"扣款、警告、记过、记大过、降级、撤职、解除合同"等。

(一)对迟到、早退15分钟以内者,一次扣款20元;迟到或早退15分钟视为旷工。

(二)员工旷工除按照《假期管理》扣除工资外,员工旷工3天者应批评教育,令其写书面检查,态度不好者,给予待岗。员工连续旷工5天或全年累计旷工10天者解除劳动合同。

(三)上班时间私自离岗或做与本职工作无关的事,经教育不改者,每发生1次扣发5天岗位工资和绩效工资,一个月内累计发生3次以上停发当月岗位工资和绩效工资。

第十八条 员工必须严格执行请假规定。

(一)销假程序:请假休假到期后,及时到公司人事主管部门办理销假手续,然后到本部门报到。超期销假按旷工处理。

(二)所有请假休假人员必须到公司人事主管部门审批备案。人事管理部门根据本规定进行审核,不符合条件者不得批准。

第十九条 员工必须严格遵守以下规定。

(一)员工必须爱护公物,保护环境。违反者,扣当月绩效工资10～20元;属故意违反的,扣当月绩效工资15～100元;造成损失的,按照公司关于经济损失赔偿的规定进行赔偿。

(二)员工应当厉行节约,坚决杜绝长明灯、长流水现象。违反者,扣当月绩效工资20～50元;造成损失者,按照公司关于经济损失赔偿的规定进行赔偿。属故意违反的,除进行通报批评外,扣当月绩效工资50～100元;情节严重的,给予警告以上处分。

第二十条 员工反映问题应当坚持实事求是的原则,不得弄虚作假。如反映问题不真实,一经核实,给予通报批评;情节严重、造成恶劣影响的,责令其停岗培训,直至解除劳动合同。

第二十一条 管理人员对员工处分,必须公平、公正、公开,并按照分级管理、重证据、重事实的原则进行。如果对下属提出的正确意见和建议不接受、不采纳,且实施打击报复的,给予警告以上处分;如不按程序违规处理员工,给予行政警告以上处分;情节严重的,责令其停岗培训,直至解除劳动合同。

第二十二条 严格执行员工考核档案管理,员工的所有违纪行为,必须记入员工考核档案。凡在员工考核工作中敷衍了事、不负责任、徇私舞弊、弄虚作假或者打击报复的,将对责任人给予降级或者撤职等处分;情节严重的,责令其停岗培训,直至解除劳动合同。

第二十三条 凡部门发生重大工作失误,给公司造成重大损失的,除对有关责任人进行处罚外，将追究部门负责人的责任，视情节轻重，给予记过处分或责令其停岗培训，直至解除劳动合同。性质严重的，移送司法机关追究其法律责任。

第二十四条 员工在试用期内违反公司管理制度的，不予聘用；造成损失的，按照公司关于经济损失赔偿的规定进行赔偿。

第二十五条 严禁员工进行损害企业利益的同业竞争：

（一）员工参与进行损害企业利益的同业竞争的，予以解除劳动合同；造成损失的，按照公司关于经济损失赔偿的规定及同业竞争限制协议进行赔偿；触犯刑律的，移送司法机关依法处理。

（二）离开公司人员在同业竞争限制期内进行同业竞争的，依法追究法律责任。

第二十六条 企业在遭遇自然灾害威胁或重大事故发生时，任何人都必须服从组织管理和调度，态度不端正、不听从指挥、临阵脱逃或不服从管理和调度的，给予记过以上行政处分，情节严重的，责令其停岗培训，直至解除劳动合同。

第三十条 本管理规定由公司人事管理部门负责解释，自下发之日起执行。

5. 奖惩管理相关表格

它包括奖励单、奖励登记表、惩戒通知单、惩戒登记表

表 7-4 ××公司员工奖励单

编号：

姓名		部门		职务	
事由： 提出人/日期					
批 准					
人事部经理： 					
依据员工奖惩制度规定应给予以下奖励： 经济：奖金□ 奖品□ 行政：嘉奖□ 记功□ 记大功□ 补充奖励： 签字/日期					

表 7-5 员工奖励登记表

年 月 日

部门：							年度：
姓名	日期	奖励事项及文号	奖励级别				
			奖品	奖金	嘉奖	记功	记大功

表 7-6 公司员工惩戒通知单

年 月 日

受处分人姓名		部门		岗位	
惩戒事由：					
惩戒级别	经济：罚款 元；扣工资 元；扣奖金 元				
	行政：警告□ 记过□ 记大过□ 辞退□ 开除□				
补充处分					
罚款_____元应在_____年_____月_____日_____时止缴会计室，逾期不缴者将在当月工资中双倍扣除。					
此惩戒通知单我已收到 受处分人/日期					
通达集团公司人力资源部					
注：本单一式三联，人事部留存一联，转会计室和受处分人直接上级各一联，由受处分人直接上级知达受处分人。					

表 7-7　员工惩戒登记表

部门：　　　　　　　　　　　　　　　　　　　　　　　　　　　　年度：

姓名	日期	惩戒事项及文号	惩戒级别					
			罚款	警告	记过	记大过	辞退	开除

项目八

劳动关系管理

业务导入

安妮宝贝有限公司按照《劳动法》规定，与录用员工签订劳动合同，并进行其他相关合同管理。

工作任务一　劳动合同管理

企业人力资源管理工作中的员工招收、录用、企业内人力资源的配置调整等事务，在劳动关系管理中表现为劳动合同的订立、履行、变更、解除和终止，这些都属于劳动法律行为。因此，都必须依照严格的程序，按照有关法律、法规和企业内部劳动管理规则的规定实施。

一、操作指南

1. 劳动合同管理制度

其主要内容为：

(1)劳动合同履行的原则；

(2)员工招收录用条件、招工简章、劳动合同草案、有关专项协议草案审批权限的确定；

(3)员工招收录用计划的审批、执行权限的划分；

(4)劳动合同续订、变更、解除事项的审批办法；

(5)试用期考查办法；

(6)员工档案的管理办法；

(7)应聘人员相关材料保存办法；

(8)集体合同草案的拟定、协商程序；

(9)解除、终止劳动合同人员的档案移交办法、程序；

(10)劳动合同管理制度修改、废止的程序等。

2. 劳动合同的内容

劳动合同的内容是当事人双方经过平等协商所达成的关于权利义务的条款，包括法定条款和约定条款。企业为招聘员工、协商相互之间的权利义务而提供的劳动合同草案依法必须具备法定条款。

(1)法定条款：法定条款是依据法律规定劳动合同双方当事人必须遵守的条款。不具备法定条款，劳动合同不能成立。

《劳动法》规定，劳动合同应当具备以下条款：劳动合同期限；工作内容；劳动保护和劳动条件；劳动报酬；社会保险；劳动纪律；劳动合同终止的条件；违反劳动合同的责任。

(2)约定条款：劳动合同除以上法定条款以外，双方当事人可以根据实际需要在协商一致的基础上，规定其他补充条款。

一般常见的约定条款有以下内容：试用期限；培训；保密事项；补充保险和福利待遇；当事人协商约定的其他事项，如住房、班车、子女就学等问题。

3. 劳动合同订立

订立劳动合同的目的是为了在劳动者和用人单位之间建立劳动法律关系，规定劳动合同双方当事人的权利和义务。

劳动合同订立流程如图 8-1 所示：

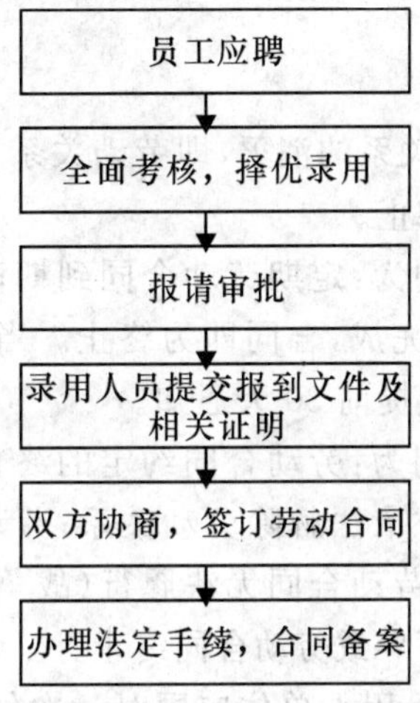

图 8-1 劳动合同订立程序

4. 订立劳动合同注意事项

(1)为推行劳动合同制度，各地政府劳动行政部门一般推荐使用劳动合同的示范文本。

(2)劳动合同的法定条款不可或缺，为使劳动合同当事人双方的权利义务清晰界定，并具有操作性，逐款详细规定必使劳动合同过于冗长。

(3)劳动合同的各项条款，包括专项协议所协商确定的内容必须统一，不应存在内在的矛盾。否则该项条款极有可能成为无效条款而丧失其法律效力。

5. 劳动合同的续订

劳动合同续订是指有固定期限的劳动合同到期，双方当事人就劳动合同的有效期限进行商谈，经平等协商一致而续延劳动合同期限的法律行为。

提出劳动合同续订要求的一方应在合同到期前 30 日书面通知对方。续订劳动合同不得约定试用期。

依据《劳动法》的规定，劳动者在同一用人单位工作满十年，双方同意续延劳动合同的，劳动者提出订立无固定期限的劳动合同的，用人单位应当与之订立无固定期限的劳动合同。有固定期限的劳动合同期限届满时既未终止又未续订，劳动者与用人单位仍存在劳动关系的，视为续延劳动合同。用人单位应当与劳动者续订劳动合同。当事人就续延劳动合同的期限达不成一致意见的，其期限从签字之日起不得少于一年，或者按原条件履行。

6. 劳动合同变更

劳动合同变更的条件：

(1)订立劳动合同时所依据的法律、法规已修改或废止；

(2)用人单位转产或调整、改变生产任务；

(3)用人单位严重亏损或发生自然灾害，确实无法履行劳动合同规定的义务；

(4)当事人双方协商同意；

(5)法律允许的其他情况。

劳动合同变更程序：

(1)及时提出变更合同的要求；

(2)按期作出答复；

(3)双方达成书面协议。

7. 劳动合同终止

劳动合同终止是指劳动合同关系的消灭，即劳动关系双方权利义务的失效。劳动合同终止分为两类：自然终止和因故终止。

(1)属于自然终止的情形分别为：定期劳动合同到期；劳动者退休；以完成一定工作为期限的劳动合同规定的工作任务完成，合同即为终止。当上述条件出现时，劳动合同就可以终止，但在实际操作中习惯上应提前30天通知。

(2)属于因故终止的情形分别为：劳动合同约定的终止条件出现，劳动合同终止；劳动合同双方约定解除劳动关系，一方依法解除劳动关系；劳动关系主体一方消灭(企业破产、劳动者因故死亡)；不可抗力导致劳动合同无法履行(战争、自然灾害等)；劳动争议仲裁机构的仲裁裁决、人民法院判决亦可导致劳动合同终止。

劳动合同依法解除或终止时，用人单位应同时一次付清劳动者工资；依法办理相关保险手续；用人单位依法破产时，应将劳动者工资列入破产清偿顺序，首先支付劳动者工资。

8. 员工签订劳动合同被录用流程图

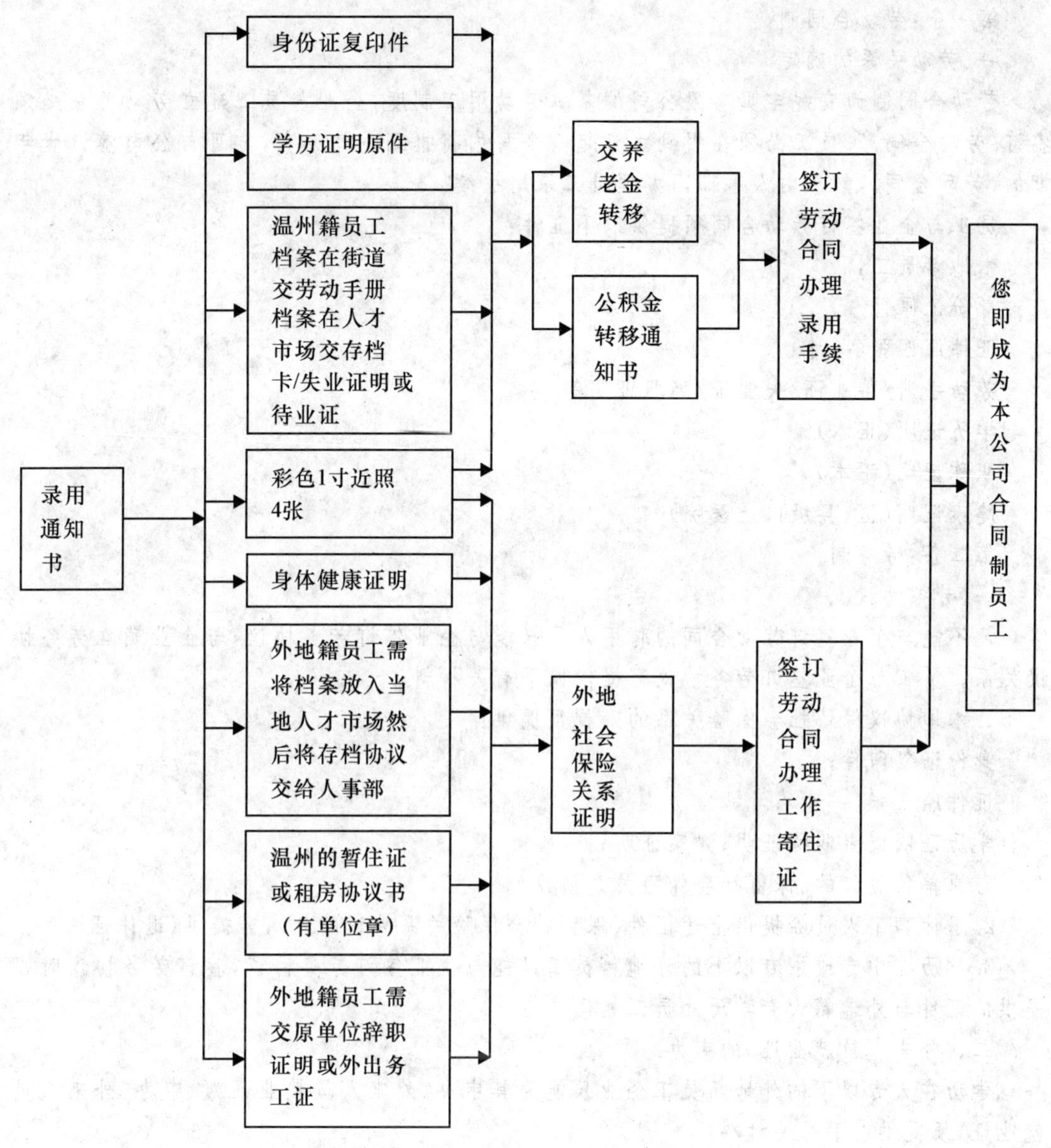

图 8-2

二、体验活动

在工作任务引领下，基于操作指南的基础上，下面进行劳动合同制度、劳动合同订立、员工离职、劳动合同解除四项体验活动。

1. 劳动合同制度

安妮宝贝有限公司劳动合同制度

依据《中华人民共和国劳动法》及各地外商投资企业劳动人事管理条例等有关规定，企业应依据与所聘用的员工建立正式劳动合同关系或劳务协议关系。

第一条:劳动合同制

一、劳动关系的确定

劳动合同制为安妮宝贝有限公司的基本劳动用工制度,企业与员工建立劳动关系必须签订《劳动合同》。员工必须在报到之日起一个月内将报到手续办齐,方可与公司签订壹年期的《劳动合同》,然后由人事部门办理员工录用手续。

员工与企业签订劳动合同须提供以下证件:

本地籍员工:

身份证原件

证件照四张(一寸)

劳动手册/待业证/失业证/离职证明等

学历证明(正本)

职称证明(正本)

健康证明(区、县级以上医院)

第二条:劳务制

一、劳务协议

凡不能与企业签订劳动合同的聘用人员只能与企业签订劳务协议,与企业确立劳务协议关系。员工与企业签订劳务协议需提供以下有关材料:

1.本地协议保留社会保险关系的人员须提供:

身份证复印件;

证件照三张(一寸);

学历证明或者职称证明;健康证明;

与原单位签订的《保留社会保险关系协议》。

2.退休聘用人员除提供上述证件(保留社会保险关系协议除外),需提供《退休证》。

3.学历在中专或中专以下的外地籍员工只能与企业签订劳务协议,签订劳务协议时需提供的证件与外地籍大专学历的员工相同。

二、《外来人员就业证》的申办

学历在大专以下的外地籍员工企业只能为其申办《外来人员就业证》。申办《外来人员就业证》须提供以下有关材料:

聘用劳务协议;

拟聘用人身份证、学历证书(复印件)及一寸证件照片两张;

参加社会统筹保险的情况证明或者说明;

在沪有居住条件的证明。

第三条:试用期规定

一、签订《劳动合同》的新进员工,入职之初三个月为试用期。试用期内,由主管对其工作能力、专业水平、劳动纪律等进行考核,员工对企业的管理、企业文化作全面的了解。期间双方如感到不适应,可随时提出解除《劳动合同》,无需任何经济补偿。

第四条:转正与终止合同

一、员工试用期满两周前,由人力资源部填写《转正考核表》送该员工之直接主管对其作出综合评估,提出是否予以转正意见,报部门经理及总部人力资源部经理核准后予以转正，由总部人力资源部出《人事通知单》通知其本人；对于不予转正的试用人员，由人力资源部发出《终止试用通知书》，按规定办理离职手续。

第五条：职级

等级	职称	等级	职称
1	操作员	9	课长
2	二级办事员/一般技工	10	副处长/厂长
3	一级办事员/特种技工	11	处长/厂长
4	副科员/副领班	12	副理/副总厂长
5	课员/领班	13	经理/总厂长
6	副课助理/副值班主管	14	协理
7	课助理/值班主管	15	副总经理
8	副课长	16	总经理

第六条：解聘与辞职

一、解聘

在劳动合同期间，由于各种原因，企业可以提前一个月提出解除与员工的劳工合同关系。有关解聘规定与赔偿办法，按外商投资企业劳动人事管理办法办理。

二、辞职

职工因各种原因提出辞职，须提前一个月以书面形式提出辞职申请。人事部门根据其已核准的辞职日期申请予以办理离职手续。

第七条：离职手续

一、员工因各种原因离职时，均须按照规定办理以下离职手续：

1. 与本部门办妥工作交接；

2. 与财务部门结清账款；

3. 向信息技术部交接清楚与电脑网络相关事宜，并交还所借用与电脑相关之物品；

4. 由培训部门查证是否有按《员工培训协议》规定，未结清之培训费用；

5. 向本部门及行政部门交给所借用的文具用品；

6. 将识别证/考勤卡等交给人事部门。

办妥上述手续后，人力资源部方可支付离职员工之薪资。

2. 劳动合同的订立

安妮宝贝有限公司员工劳动合同

甲方(用人单位)名称：

法定代表人：

所有制性质：

地址：

乙方(劳动者)姓名:

性别: 出生年月:

民族:

文化程度:

居民身份证号码:

住址:

根据《中华人民共和国劳动法》以及有关法律、法规、规章和政策的规定,经双方平等协商,乙方为甲方城镇(农民)合同制职工,并订立本合同。

一、劳动合同期限。按下列第______款确定:

(一)本合同为有固定期限的劳动合同。合同期从______年______月______日起至____年____月____日止。其中熟练期(培训期、见习期)从____年____月______日起至______年______月______日止;试用期从______年____月__日起至____年____月______日止。

(二)本合同为无固定期限的劳动合同。合同期从____年____月____日起至法定或约定的解除(终止)合同的条件出现时止。其中熟练期(培训期、见习期)从______年______月______日起至______年______月______日止;试用期从____年____月____日起至______年______月______日止。

(三)本合同为以完成一定工作为期限的劳动合同。合同期从____之日起至____之日止(起讫时间必须明确具体)。其中熟练期(培训期、见习期)从______年____月____日起至____年______月______日止;试用期从______年____月____日起至____年__月____日止。

二、工作内容

乙方同意按甲方生产(工作)需要,在______岗位(工种)工作,完成该岗位(工种)所承担的各项工作内容。

三、劳动保护和劳动条件

甲乙双方都必须严格执行国家有关工作时间、生产安全、劳动保护、卫生健康等规定。甲方应为乙方提供符合规定的劳动保护设施、劳动防护用品及其他劳动保护条件。乙方应严格遵守各项安全操作规程。

四、劳动报酬

乙方熟练期(培训期、见习期、试用期)间的月工资为______元;熟练期(培训期、见习期、试用期)满的定级工资为______元。

乙方月工资为______元。

工资发放日为每月______日,甲方不得无故拖欠。

乙方工资的增减,奖金、津贴、补贴、加班加点工资的发放,以及特殊情况下的工资支付等,均按相关法律、法规、规章、政策以及甲方依法制定的规章制度执行。

五、劳动纪律

甲乙双方应严格遵守法律、法规、规章和政策。甲方应依法制定各项具体的内部管理制度。乙方应服从甲方的管理。

六、劳动合同变更、解除、终止的条件

(一)具有下列情形之一,经甲乙双方协商同意,可以变更本合同的相关内容:

1. 本合同订立时所依据的客观情况发生重大变化,致使本合同无法履行的;

2. 乙方不能从事或者不能胜任原岗位(工种)工作的。

(二)乙方具有下列情形之一的,甲方可以解除劳动合同:

1. 在试用期间被证明不符合录用条件的;

2. 严重违反劳动纪律或者甲方规章制度的;

3. 严重失职,营私舞弊,对甲方利益造成重大损害的;

4. 被依法追究刑事责任的。

(三)具有下列情形之一的,甲方可以解除劳动合同,但是应当提前三十日以书面形式通知乙方本人:

1. 乙方患病或非因工负伤,医疗期满后,不能从事原工作也不能从事由甲方另行安排的工作的;

2. 乙方不能胜任工作,经过培训或者调整工作岗位,仍不能胜任工作的;

3. 乙方不能从事或者不能胜任原岗位(工种)工作,经甲乙双方协商又不能就变更本合同达成协议的;

4. 本合同订立时所依据的客观情况发生重大变化,致使本合同无法履行,经甲乙双方协商不能就变更本合同达成协议的。

(四)甲方濒临破产进行法定整顿期间或者生产经营状况发生严重困难,达到政府规定的严重困难企业标准,确需裁减人员的,应当提前三十日向工会或者全体职工说明情况;听取工会或者职工的意见,并以书面形式向劳动行政部门报告后,可以解除劳动合同。

(五)乙方具有下列情形之一的,甲方不得依据本条第(三)、(四)款的规定解除劳动合同:

1. 患职业病或者因工负伤并被劳动鉴定委员会确认丧失或者部分丧失劳动能力的;

2. 患病或者负伤,在规定的医疗期内的;

3. 女职工在孕期、产期、哺乳期内的。

(六)有下列情形之一的,乙方可以随时通知甲方解除本合同:

1. 在试用期内的;

2. 甲方以暴力、威胁或者非法限制人身自由的手段强迫劳动的;

3. 甲方未按照本合同约定支付劳动报酬的;

4. 经国家有关部门确认,甲方劳动安全卫生条件恶劣、严重危害乙方人身安全和身体健康的;

(七)经甲乙双方协商一致,本合同可以解除;

(八)本合同期满或者甲乙双方约定的本合同终止条件出现,应当即行终止。由于生产(工作)需要,经双方协商一致,可以续订劳动合同。

七、社会保险和福利

(一)甲乙双方依法参加社会保险,按期足额缴纳养老保险基金、失业保险基金、工伤保险基金、医疗保险基金和生育保险基金。乙方个人缴纳部分,由甲方在其工资中代为扣缴;

(二)乙方的公休假、午休假、探亲假、婚丧假、女工孕期、产期、哺乳期待遇以及解除和终止劳动合同时乙方生活补助费(经济补偿金)、医疗补助费的发放等,均按有关法律、法规、规章、政策以及甲方依法制定的规定执行；

（三）乙方患职业病或因工负伤的待遇，因工或因病死亡的丧葬费、一次性抚恤费、供养直系亲属生活困难补助费等均按有关法律、法规、规章、政策执行；

（四）乙方患病或负伤的医疗期及其待遇、乙方供养直系亲属的医疗待遇等按法律、法规、规章、政策和甲方依法制定的规定执行。

八、违反劳动合同的责任

（一）由于甲乙任何一方的过错造成本合同不能履行或者不能完全履行的，由有过错的一方承担法律责任；如属双方过错，根据实际情况，由双方分别承担各自的法律责任；

（二）因不可抗力造成本合同不能履行的，可以不承担法律责任；

（三）甲乙任何一方违反本合同，给对方造成经济损失的，应当根据后果和责任大小，向对方支付赔偿金。

九、乙方在职期间（含转岗），由甲方出资进行职业技术培训，当乙方在甲方未满约定服务年限解除本合同时，甲方可以按照实际支付的培训费（包括培训期间的工资）计收赔偿金，其标准为每服务一年递减实际支付的培训费总额的____%。

十、双方需要约定的其他事项：

____

____

____

____

____

____

十一、本合同条款与法律、法规、规章、政策和甲方依法制定的规章制度相抵触的，以及本合同未尽事宜，均按法律、法规、规章、政策和甲方依法制定的规章制度执行。

十二、本合同依法订立后，双方必须严格履行。

十三、本合同履行中发生劳动争议，甲乙双方应当协商解决，协商不成或不愿协商的，可以向本单位劳动争议调解委员会申请调解，调解不成的，可以向劳动争议仲裁委员会申请仲裁。甲乙任何一方也可以直接向劳动争议仲裁委员会申请仲裁。对仲裁裁决不服的，可以向人民法院起诉。

十四、本合同一式三份，甲乙双方各执一份，鉴证机关存档一份。

甲方（盖章）：　　　鉴证机关（盖章）：

鉴证编码：

乙方（签名）：

鉴证人员（盖章）：

合同订立日期：　　年　　月　　日鉴证日期：　　年　　月　　日

3. 员工离职

它包括员工离职程序、离职申请表

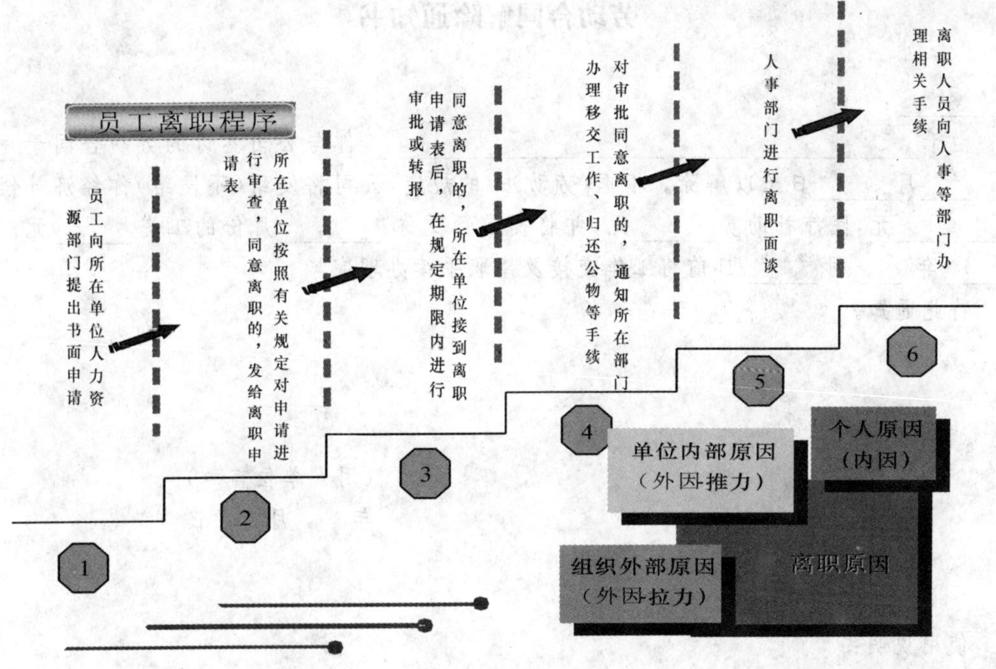

图 8-3　员工离职程序

表 8-1　员工离职申请表

年　　月　　日　　第　　号

姓名：		性别：	所属中心：		职位：
学历：		进入公司日期：　年　　月　　日	拟离职日期：　年　　月　　日		
离职原因	自动	□另有他就　□读书　□结婚　□出国　□调职　□健康原因　□其他	被动	□开除　□解雇　□试用不合格	
部门主管意见： （盖章） （签字） 年　　月　　日			公司意见： （盖章） （签字） 年　　月　　日		

4. 劳动合同的解除

劳动合同解除通知书

________：

由于________________________________，你与公司签订的劳动合同于____年______月______日予以解除。根据《劳动法》的规定，公司将发给(不发给)你经济补偿金__________元，医疗补助费______元，并将提前预支你________月份的工资______元。请于____年____月______日前将工作交接及离职手续办理完毕。

特此通知。

(用人单位盖章)
年　　月　　日

使用说明：

在劳动合同期内，需要结束双方的劳动关系时，可采用此文书式样。当需要提前30天通知时，注意将解除合同的时间填写正确。需要发给经济补偿金和医疗补助费时，注意按规定计发。

工作任务二　员工安全与健康管理

安妮宝贝有限公司为了改善劳动条件，防止重大劳动安全事故的发生，全面完善并严格执行各项劳动安全与健康管理规定。

一、操作指南

1. 职业安全：是指人们进行生产过程中没有人员伤亡、职业病、设备损坏或财产损失发生的状态，是一种带有特定含义和范畴的“安全”。

2. 职业健康：是指在从事各类职业活动过程中职业人群身心处于良好的健康状态。

3. 加强劳动安全管理的方法与措施

二、体验活动

在工作任务引领下，基于操作指南，进行员工安全与健康管理办法体验活动。

安妮宝贝有限公司员工安全与健康管理办法

一、员工健康检查办法

(一)为促进员工健康,加强预防疾病,特订定本办法。

(二)本公司员工健康检查,以每年举办一次为原则,有关检查事项由人事室办理。

(三)X光摄影由人事室与防疾中心接洽时间,请派巡回车至公司或工厂办理。经防疾中心通知必须进一步检查者,应前往指定医院摄大张X光片,以助判断疾病。

(四)一般检查由人事室负责与市立医院接洽时间,分别至该医院接受检查。工厂由人事组接洽医师至厂内检查。

(五)有关费用概由各部门负担。

(六)经检查结果有疾病者,应早期治疗,如有严重病况时,由公司令其停止继续工作,返家休养或往劳保指定医院治疗。

(七)人事室每届年终,应依检查表作成疾病名称、人数及治疗情形等统计,以作有效措施及卫生改善的参考。

(八)本办法经呈准后施行,修正时亦同。

二、员工医疗补贴规定

第一条　为保障员工的身体健康,促使医疗保健落到实处,特制定本规定。

第二条　凡在本公司就业的正式聘用员工每人每月补贴医药费40元;员工子女补贴一个,即每月40元;员工父母实行半费补贴一个,即每月20元。

第三条　凡在本公司就业的试用人员及临时工每人每月补贴30元。

第四条　正式聘用员工因病住院,其住院的医疗费凭区以上医院出具的住院病历及收费收据,经公司有关领导批准方可报销。报销时应扣除当年应发医药补贴费,超支部分予以报销。批准权限如下:

1.收据金额在5000元以内由财务经理审核,主管、副总经理批准。

2.收据金额在5000元至20000元的由财务经理审核,总经理批准。

3.收据金额在20000元以上,由主管、副总经理审核,总经理批准。

第五条　试用人员、临时工因病住院,其住院的医疗费用按第四条报销办法,扣除当年医药补贴后,超支部分按60%报销。

第六条　员工因工负伤住院治疗,其报销办法同第四条。

第七条　员工父母因病住院,可向公司申请补助,由财务经理核定,总经理批准后,在职工福利或工会互助金中实行一次性补贴。

第八条　由公司安排的,员工每年例行身体健康检查,其费用由公司报销。

第九条　医疗费补贴由劳资部每月造册,通知财务部发放。

三、门诊医药费补助办法

(一)本公司为加强员工福利,安定员工生活,提高工作效率,特订定本办法。

(二)本公司正式雇用的员工,其配偶或直系一等血亲者适用本办法。

(三)员工及其家属自员工离职日及留职停薪日起即丧失此补助权益。

(四)凡本公司员工本人、其配偶或直系一等血亲患伤病住医院接受门诊时,由福利委员会补助其医药费50%。每户补助金额按员工本人及其配偶与直系一等血亲人数每人每年以补助200元计算(例如,员工某甲,包括其配偶及直系一等血亲在内,共5口,则某甲全年补助额以1000元为限)。

(五)本公司员工,其配偶或直系一等血亲门诊时,由员工本人先行垫付医药费同时填具医院门诊医药费证明单(公司印备)请医院盖章,然后提出该证明单向福利委员会申请医药补助费。如医师开处方至药房购药者,添附处方及药房收据申请补助费。

(六)员工本人及家属经由劳工保险费负担医药费者,不予补助,但超过劳保标准,自付医药费部分有医院收据或证明者,不在此限。

(七)员工本人或其家属因美容外科、义肢、义齿、义眼、眼镜、接生及其他附带治疗、输血、证件费均不得申请补助。但因紧急伤病,经医院诊断必须输血者,不在此限。

(八)本办法核准后施行,修改时亦同。

门诊医药费证明单

××股份有限公司福利委员会　　　　NO.＿＿＿＿＿

员工姓名:＿＿＿＿＿＿　　　　就诊日期:　年　月　日

姓名	病症	金额	备注

仟　佰　拾　元正

部门经理:　　医疗院所及经办人　　盖章

四、伤病、重大灾害及丧葬补助办法

(一)本公司职工福利委员会为加强职工福利,增进其生活保障,特订定本办法。

(二)本公司正式雇用的职工,自到职日起,至离职日止,得以发生的事实,分别引用本办法条款,申请补助费,惟其配偶或直系血亲同在本公司服务者,不得以同一事因重复申请补助。

(三)职工本人或其配偶、直系亲属因伤病住院时,得填具申请书,并检附户籍誊本(职工本人免附)、住院证明书及医疗费用单据,提送职工福利社申请补助。

(四)伤病补助费的给付标准如下:

1.职工本人得申请补助保险机构给付津贴的全部医疗费用,但自第一次住院日一年内,其累积总额以3000元为限。

2.配偶或直系血亲得申请补助半数医疗费用;但每一眷属自第一次住院日起一年内,其累积总额以1000元为限。

(五)职工本人或其眷属如因施行整容、整形或违反生理的手术等,及因自戕而致伤病时,均不得申请补助。

(六)申请水灾、火灾、风灾、地震或其他无可避免的重大灾害补助费,须由职工本人或其眷属于灾害发生后,填具申请书,并检附本公司同事2个证明文件,提交职工福利委员会核定。

(七)重大灾害补助的给付,须由本会委员2人查明实际受害情形后,核定补助金额。但最多以5000元为限。

(八)申请丧葬补助费应由申请人于事实发生后,填具申请书,并附户籍誊本、死亡证明书，提送职工福利社核发。

（九）丧葬补助费给付标准如下：

1. 职工本人补助5000元。

2. 配偶或其直系血亲每人补助1000元。

（十）丧葬补助费的受益人，如无特别指定（指定受益人须由职工本人自动向福利社登记）其顺序如下：

1. 配偶

2. 子女

3. 父母

（十一）申请各项补助费，如发现有伪造证件冒领等事情除追回款项外，并报请议处。

（十二）本办法经本会会议通过后施行，修改时亦同。

注：所谓重大灾害的范围，经第三届第一次委员会决议依照下列条件办理：

1. 员工所有的房屋因无可避免的重大灾害者始得申请重大灾害补助费。

2. 因工作关系，将迁移而另租屋，但其原所有房屋或租与他人，遇重大灾害者，可申请补助费。

服装工业股份有限公司专案福利补助费申请书

服装工业股份有限公司专案福利补助费申请书

事由	
适用条款	
申请补助金额	
证明文件	
人事单位签注	
承办人意见	
福利社主任	

申请人　　　　　　　年　　月　　日

五、员工公伤补助费支给办法

（一）本公司为安定员工生活，使其能认真工作，免有后顾之忧，特订定本办法。

（二）公伤补助费的支给计分：

1. 医疗给付。

2. 残废给付。

（三）医疗给付：

员工因公受伤急需医疗者，得发给医疗补助费。

（四）已参加劳工保险的员工，因公受伤者可凭据由公司补助下列医疗费用：

1. 于送往劳保局指定医院前，因情况危急先行送往就近医院治疗者，其所付费用。

2. 急救所做紧急处理，如输血或特效针药等费用。

3. 主治医师认为必需的针药，而劳保不能给付者。

(五)因受劳工保险条例第十五条规定的限制不能参加劳保的员工,其医疗费用的支给比照劳保规定由公司发给。

(六)残废给付:

员工因公受伤经医疗后,诊断为残废者,依照本公司退休办法的规定支领退休金。

(七)临时及试用人员不适用本办法,但得视实际情况酌予补助。

(八)公伤补助费的发给应检附医院证明及收据申请核付(申请书由人事科制发)。

(九)本办法经董事会通过后公布实施。修改时亦同。

六、特约医院医疗贷款办法

第一条　本公司为增进员工福利,特指定综合医院为本公司特约医院。

第二条　本公司员工及其眷属疾患医疗优惠条件如下:

(一)检验费　按定价75折优惠

(二)药品费　按定价75折优惠

(三)手术费　按定价75折优惠

(四)住院费　按定价75折优惠

(五)治疗费　按定价75折优惠

(六)膳食费、输血费、麻醉药品费、会诊医师费不予优惠。

第三条　本公司员工及其眷属在特约医院住院或门诊就医费用达3000元以上者经本公司同意得予记账并于每月底通知本公司一次代缴,其费用属第二条所列优惠项目者并以七折优惠。

第四条　本办法所称眷属系指祖父母、父母、配偶、子女、岳父母、兄弟姊妹、孙子女等以共同生活为目的由公司员工负担生活费的家属而言。

第五条　就医费用扣除幸福团体保险给付金额后之余额由员工分期付款,办法如下,但贷款最高金额以2.5万元为限。

七、旅行意外保险

保险期间:凡公司工作人员为公司事务旅行时才被保险。所谓商业旅行,是指一个工作人员代表公司离开办公地点、家庭或其他地方开始算起,直到他回家或办公地点为止的一段期间而言。

保险内容:被保险人因意外身体伤害而致死亡、失肢、失明或永远残废时可得到赔偿。

保险给付金额:最高每人美金15万元(或每个团体美金300万元)。

不包括事项:经常工作地点与住家间的往返、休假或请假旅行均不予保险,但"回国休假"时家庭所在地与派驻所在地间的旅行则包括在内。搭乘公司所有、公司租用或专为公司利益飞行的飞机均不予保险。

给付时间:在当地无相当的赔偿时,由纽约总公司管理当局决定后,经纽约国际人事部门授权当地公司给付。但人事部门将先要求提供受伤状况的书面报告(如系死亡,包括死亡证明)以及确因公务旅行而受到伤害的证明。

八、员工抚恤办法

第一条　本公司正式员工因公死亡或在职死亡者,其抚恤依本办法执行。

第二条　前条所称因公死亡,指下列情形之一者:

1. 因执行职务发生危险,以致死亡。

2.因出差遇险或疾病,以致死亡。

前项所称执行职务的认定,依劳工保险"因执行职务而致伤害"审查准则。

第三条 员工因公死亡或在职死亡,除依本公司员工储蓄及退休福利基金计划的规定办理外,并按其年资与现支基本薪资数分别核给一次抚恤金。其支给标准如下:

1.因公死亡者依《劳动法》第59条第4款的规定办理。

2.基本薪资数(基数)而后每满一年加发半个基数,但最高以30个基数为限。

3.以上年资十足计算,停薪留职期间以中断计算。

第四条 员工因下列情事之一,而致死亡者,除照前条规定的标准给恤外,得叙明事实呈请总经理另行核恤,酌给3—10个月以内基本薪资的特别恤金。

1.明知危险奋勇救护同仁或公物者。

2.不顾危险尽忠职守,抵抗强暴者。

3.于危险地点或时期,工作尽忠职守者。

第五条 员工因公死亡或在职死亡,除依本办法给恤外,另给2个月基本薪资数的丧葬费。

第六条 员工于特准病假期间内死亡时,依因公或在职死亡的规定请恤。

第七条 自杀或其他败德行为致死亡者,概不发给恤葬费。

第八条 遗族于请领抚恤金及丧葬费时,应检附员工死亡的证明文件及除户籍誊本,填具申请书呈转总经理核发。

第九条 领受抚恤金及丧葬费的遗族,以本公司登记有案或经确实证明者为限,除遗嘱别有指定外,其领受顺序如下:

1.配偶及子女

2.父母

3.祖父母

4.孙子女

5.同父母的兄弟姊妹

前项各顺序内的遗族,以未出继者为限。

顺序在后的遗族具领时,应提出顺序在前者失权或死亡证明。同一顺序有数人时,应共同具名承领,平均领受抚恤金。如有愿放弃者,须具声明书。

第十条 遗族或指定受益人有下列情形之一者,丧失其抚恤金领受权。

(一)褫夺公权终耳者。

(二)犯内乱罪、外患罪经判决确定者。

第十一条 请恤及请领抚恤金权利的时效,自请恤或请领事由发生的次日起经过5年不行使而消减。但因不可抗力事由,致不能行使者,其时效中断者,自中断的事由终止时,重新起算。

第十二条 领受抚恤金的权利及未经其遗族具领前的抚恤金不得扣押,让与或供担保。

第十三条 抚恤年资的计算,依照本公司人事管理规则所订的服务年资十足计算。

第十四条 临时或试用员工,因执行职务发生危险以致死亡者,除丧葬费2个月仍照发给外,得一次发给相当于同级正式员工15个月薪资数的抚恤金。

主要参考文献

[1] 郑远强编著.人力资源管理实际操作技能.北京:光明日报出版社,2005.

[2] 中国劳动保障部.国家职业资格认证教材,企业人力资源管理师职业资格认证.北京:劳动保障出版社,2002.

[3] 曹红月,叶文楼,李世光.人力资源管理理论和实务.北京:对外经济贸易大学出版社,2005.

[4] 董克用,叶向峰.人力资源管理概论.北京:中国人民大学出版社,2004.

[5] 陈维政等.人力资源管理.北京:高等教育出版社,2004.

[6] 国际人力资源管理研究院(IHRI)编委会编著.人力资源经理胜任素质模型.北京:机械工业出版社,2005.

[7] 湛新民,刘善敏.人员测评技巧.广州:广东经济出版社,2002.

[8] R Brayton Bowen.激励员工.范国艳译.北京:企业管理出版社,2001.

[9] 刘伟,刘国宁.人力资源.北京:中国言实出版社,2005.

[10] 谢晋宇.人力资源开发概论.北京:清华大学出版社,2005.

[11] 约翰·M·伊万切维奇〔美〕、赵曙明.人力资源管理.北京:机械工业出版社,2005.

[12] 李琦.人力资源管理基础技能实训.北京:北京大学出版社,2007.

[13] 全国经济专业技术资格考试用书编写委员会.人力资源管理专业知识与实务(初级).北京:中国人事出版社,2006.

[14] 全国经济专业技术资格考试用书编写委员会编写.人力资源管理专业知识与实务(中级).北京:中国人事出版社,2006.

[15] 刘凤瑜,张金成.员工工作满意度调查问卷的有效性及民营企业员工工作满意度影响因素研究.南开管理评论,2004.

[16] 康士勇.工资理论与工资管理(第二版).北京:中国劳动社会保障出版社,2006.

[17] 唐宁玉.人才测评理论与方法.大连:东北财经大学出版社,2002.

[18] 王继承.人事测评技术.广州:广东经济出版社,2003.

[19] 萧鸣政.现代人事考评技术及其应用.北京:中国人民大学出版社,1997.

[20] 程延园.劳动关系.北京:中国人民大学出版社,2002.

[21] 郭庆松.企业劳动关系管理.天津:南开大学出版社,2001.

[22] 郑大奇,罗丹.人力资源管理适用法律速查手册.北京:企业管理出版社,2003.

[23] 王君南,陈微波.劳动关系与社会保险.济南:山东人民出版社,2004.

[24] J. David Hunger, Thomas L. Wheelen. Essentials of Strategic Management. 3rd ed,2004.

[25] Randy L. Desimone, Jon M. Werner, David M. Harris. Human Resource Development. Third Edition, 2003.

图书在版编目（CIP）数据

人力资源管理项目实训教程 / 祝宝江主编. —杭州
：浙江大学出版社，2011.5
ISBN 978-7-308-08618-9

Ⅰ.①人… Ⅱ.①祝… Ⅲ.①人力资源管理—教材
Ⅳ.①F241

中国版本图书馆 CIP 数据核字（2011）第 071169 号

人力资源管理项目实训教程

祝宝江　主编

责任编辑　周卫群
封面设计　联合视务
出版发行　浙江大学出版社
（杭州天目山路 148 号　邮政编码 310007）
（网址：http://www.zjupress.com）
排　　版　浙江时代出版服务有限公司
印　　刷　德清县第二印刷厂
开　　本　787mm×1092mm　1/16
印　　张　9.5
字　　数　225 千
版 印 次　2011 年 5 月第 1 版　2011 年 5 月第 1 次印刷
书　　号　ISBN 978-7-308-08618-9
定　　价　20.00 元

浙江大学出版社发行部邮购电话　(0571)88925591